AF289724

© 2024, Marceau Lemoine

Édition : BoD – Books on Demand, info@bod.fr.
Impression : BoD – Books on Demand, In de Tarpen 42,
Norderstedt (Allemagne)
Impression à la demande
ISBN : 978-2-3225-2151-7
Dépôt légal : Mai 2024

FSC
www.fsc.org
MIXTE
Papier issu
de sources
responsables
Paper from
responsible sources
FSC® C105338

Partir, (se) découvrir.

Marceau Lemoine

Avril 2024

Pour accompagner la lecture :

Je vous invite à regarder l'album photo "Inde 2023" sur ma page Facebook "Marceau Lemoine". Pour cela, vous pouvez scanner le QR code suivant :

Pour les utilisateurs d'Instagram, je vous invite à visionner les stories à la une "Inde à vélo" ainsi que les posts sur mon profil :

En parallèle à ce voyage, 2 815 euros ont été récoltés au profit de l'association humanitaire Karuna Shechen. Dans la continuité d'une démarche solidaire, 5 % des bénéfices de la vente du livre seront à nouveau reversés à une association humanitaire.

Préface :

Par Élise Leroy, rédactrice pour Lepetitjournal.com Inde

"India is not for beginners". C'est la blague récurrente que les Indiens utilisent beaucoup sur les réseaux sociaux en ce moment, pour commenter des vidéos étonnantes montrant, au choix, une famille entière tranquillement installée sur une moto en marche, bébé et chien compris, une foule compacte se bousculer pour monter dans un train de Mumbai à l'heure de pointe, ou encore le cuisinier d'un stand de street food récupérant ses petites galettes frites à mains nues dans l'huile bouillante.

L'Inde ne serait pas faite pour les débutants. Au contraire, je trouve que l'Inde, diverse et accommodant déjà une population de plus d'1,4 milliard de personnes, ouvre grand ses multiples bras aux novices. Qu'on commence par un séjour dans un resort de luxe au Rajasthan, un stage de yoga dans un ashram de Rishikesh ou un road trip à vélo sur ses routes cahotantes, on trouve toujours en Inde une personne pour nous aider, un nouvel ami pour partager un repas, des curieux pour nous proposer des selfies. Quiconque se montre tolérant, curieux, pragmatique et un peu détaché trouvera en Inde un terrain de jeu illimité pour faire des rencontres, découvrir des paysages incroyables et des arts et artisanats millénaires, rire et se faire peur. Bien sûr, être étranger et avoir la peau claire aide à éviter les polarisations qui, malheureusement, divisent beaucoup la société indienne moderne… ou la société tout court ?

Lorsque j'ai découvert le projet de Marceau via les réseaux sociaux justement, j'étais partagée entre deux sentiments. J'ai tout de suite pensé que ça ferait un excellent sujet pour Lepetitjournal.com Inde, média en ligne auquel je participe et qui relaye des récits et informations concernant la communauté française en Inde, mais je dois avouer que je me suis aussi demandé si Marceau était simplement un de ces "influenceurs" (vendeurs serait plus approprié), utilisant les individus, les paysages et les cultures comme simples vitrines pour leur personnage à visée instagrammable. Qu'il me pardonne en lisant ces lignes.

Vous vous en doutez, j'ai rapidement changé d'avis. Dix minutes ne s'étaient pas écoulées lors de notre première interview que j'avais compris que j'avais face à moi un jeune homme à la fois sympathique et passionnant, franc et humble, sûr de lui et capable de se remettre en question, et doté de la dose d'humour nécessaire à l'appréciation de la complexité indienne dans toutes ses dimensions. Il n'était clairement pas là pour exploiter un filon, mais pour se lancer dans un profond questionnement sur lui-même, les yeux grands ouverts sur le monde. Et s'il pouvait au passage faire entrer du réel sur Instagram et récolter de l'argent pour l'association Karuna Shechen, c'était encore mieux. Comme il le dit lui-même très bien dans l'ouvrage qui suit, il n'était pas là pour être vu, mais pour voir.

J'espère donc qu'à travers ce regard double, tourné à la fois vers l'intérieur et vers l'extérieur, vous pourrez vous identifier aux questionnements de l'auteur et découvrir cette Inde fascinante, souvent amusante et parfois frustrante, dans laquelle on passe rapidement de grand débutant à expert, par passion et par nécessité.

Partir, (se) découvrir

Première partie

<u>*27 mars, veille du départ*</u>

À 18 heures, mes affaires pour partir ne sont pas prêtes et le vélo n'est pas encore emballé. Pour sa sécurité, il est conseillé d'enlever le dérailleur, la roue avant et les deux pédales. Je n'ai jamais enlevé de dérailleur et la pédale de gauche est bloquée, je ne peux pas la retirer. Advienne que pourra.

Avant chaque nouvelle aventure, je dîne en famille. Pour s'immerger dans ce voyage, nous choisissons de nous réunir dans un restaurant indien au cœur de la ville de Toulouse. Tous les membres du groupe sont contents de me voir avant le départ. Moi, j'ai le trac. Je me trouve dans un état inhabituel entre l'excitation du départ, la peur de l'inconnu, la peur de laisser ma copine si longtemps et la colère que j'ai envers moi-même pour n'avoir rien préparé en avance. Combien de fois me suis-je juré d'arrêter de ne rien planifier ? Je ne sais même plus, alors je m'énerve encore plus.

Ces émotions, je les ressens avant chaque départ. Ce sont elles, j'imagine, qui nous empêchent habituellement de partir loin alors même que nous en crevons d'envie. Ne plus être restreint par mes peurs est d'ailleurs ce qui me motive à faire un tel voyage. Lorsque j'aurais traversé l'Inde à vélo, de quoi aurais-je encore peur ?

En attendant, il est 20 heures, nous sommes en train de dîner et je ne suis même pas sûr que le carton contenant le vélo rentre dans la voiture. Me trouvant dans cette incertitude, je n'arrive pas à profiter de ces derniers moments en famille. J'ai mal au ventre et je n'ai pas d'appétit. Pour l'instant, ce voyage ressemble à une vaste blague.

28 mars, c'est le grand jour

À 3 h 50, le réveil sonne.

À 5 heures, je charge le vélo dans la Suzuki Swift de ma copine. La banquette arrière est rabaissée, le siège avant droit est couché. Le carton traverse la voiture en diagonale. Le siège de Lucile est avancé au maximum, elle a la tête dans le volant. Je suis recroquevillé derrière son siège, à moitié par terre et sur la banquette, la tête contre la vitre. Les conditions ne sont pas idéales, mais je n'en demande pas plus.

5 h 30, aéroport de Toulouse. Je prends Lucile une dernière fois dans mes bras pour profiter de sa présence. Après ce dernier câlin, je devrai attendre quatre-vingt-douze jours pour pouvoir sentir à nouveau contre moi la personne avec qui je partage mon quotidien depuis presque un an.

29 mars, arrivée en Inde

Après dix-sept heures de vol, me voilà arrivé à Cochin, capitale économique de l'État du Kerala dans le sud-ouest de l'Inde.

Il est 4 h 10 du matin heure locale, après une demi-heure d'attente pour que les colis XL soient déchargés, je récupère mon énorme bagage contenant le vélo et tout mon équipement. Quelques minutes plus tard, je rencontre la première personne qui fera partie de la longue liste de locaux qui m'aideront de manière bienveillante tout au long de ce voyage. Cette personne c'est Rajesh, un cycliste indien que j'ai rencontré via les réseaux sociaux. J'avais mis en ligne, quelques semaines plus tôt, une partie de mon itinéraire et il m'avait proposé de venir me chercher à l'aéroport et de manger un bout ensemble avant de me déposer à la gare. Je n'avais pas encore commencé mon voyage que de nombreuses personnes me proposaient déjà leur aide.

Il est environ 5 heures du matin, les restaurants sont tous fermés. Nous nous arrêtons à la seule boutique ouverte sur le chemin pour y boire un jus de fruit et un thé indien, le fameux *chaï*, que mon nouvel ami m'empêchera de payer. A 7 heures il me dépose à la gare ; nos chemins se séparent.

Mon train, comme la plupart des trains en Inde, a du retard. Une demi-heure sur les quais c'est deux nouvelles personnes rencontrées, Santosh et Andy. Le premier est du coin et se rend vers le sud pour le travail. Le second, originaire de Mumbai, vit au Canada depuis dix ans. Autour du petit-déjeuner partagé par Andy, nous faisons connaissance. Il nous abreuve de discours remplis de bienveillance, mais son regard et sa manière évasive de répondre à mes questions concernant la durée, le but et les prochaines destinations de son voyage, me font douter de son honnêteté.

Une fois le train arrivé, notre petit groupe de discussion se divise. Ma cabine est calme, il n'y a qu'une personne assoupie. 10 euros le billet pour 300 kilomètres de train ; c'est le prix que j'ai payé pour profiter de la première classe. C'est un choix stratégique pour être sûr de me reposer et d'éviter d'être trop fatigué avant le grand départ. Quelques minutes plus tard, Santosh, dans la cabine voisine, vient me donner la moitié de son repas prévu pour le midi. Quelques bouts de crudités au milieu de deux tranches de pain de mie qui ne satisfont ni mon appétit, ni le sien. Mais pour lui, mieux valent deux personnes ayant un peu faim, qu'une personne affamée à côté d'une autre rassasiée.

Cela fait plus de vingt-quatre heures que je suis en mouvement, je cède à la fatigue. Quelques minutes les yeux fermés me suffisent pour m'endormir. Après quelques heures, je me réveille enfin et ce que je vois par la fenêtre m'émerveille. Tout est vert sur des dizaines de kilomètres à la ronde, il n'y a que des champs et des palmiers par centaines.

Le train avance à toute allure, portes et fenêtres ouvertes, pour empêcher la chaleur de nous faire suffoquer. A moitié dans le train et dans les airs, un pied sur la marche et une main sur la rambarde, les cheveux dans le vent, je me laisse voler. Entre insécurité et liberté, je me sens vivre.

À 16 h 30, après sept heures de train, j'arrive à Kanyakumari, un lieu unique à la pointe sud du pays où se rencontrent la mer d'Arabie, l'océan Indien, et le golfe du Bengale. C'est depuis cette ville, bordée par la mer, que ma traversée de l'Inde commence. Elle se terminera dans la chaîne Himalayenne, 4 000 kilomètres plus haut à l'extrême nord du pays.

Un vent bouillant m'accueille à la sortie du train. Les 35 degrés affichés par le thermomètre me surprennent. Marcher demande un réel effort. Qu'en sera-t-il pour pédaler ? Cela ne fait plus aucun doute, cette traversée de l'Inde sera éprouvante. La chaleur est bien plus élevée que je ne me l'étais imaginé, mais la sueur s'accompagne rapidement de la joie car je sais que plus c'est dur, plus l'apprentissage est grand. Lorsque l'abandon n'est pas une option, le doute n'existe pas. La difficulté pouvait être sous-estimée, mais la joie demeure.

Andy m'attend sur le quai qui est presque vide. Un homme au loin semble se diriger vers nous. Nous marchons vers la sortie. Un estropié s'y dirige aussi, à son rythme. Il fait peine à voir, il est maigre, ses cheveux sont noirs de crasse et ses vêtements sont troués. Je lui donne les restes de notre repas du midi, une poignée de riz qui sera, je suppose, son seul repas de la journée.

Nous ouvrons maintenant mon énorme carton et je peux enfin remonter mon vélo. Une à une, je sors toutes les pièces. Andy insiste, il veut rester avec moi le temps que je me prépare, mais rapidement il s'écarte et se dirige à nouveau vers l'homme estropié. Il échange quelques mots avec lui, prend un selfie, lui donne quelques billets puis revient vers moi. Je n'ai plus aucun doute, ce type est vraiment louche.

L'homme au loin nous a rejoints. Il reste stoïque, sans un mot, le regard lointain et une main posée sur le carton de mon vélo. Il est aussi sale que ses vêtements sont usés. Il est ce que j'appelle vulgairement « un corps sans âme ». Le vide dans son regard donne l'impression d'une personne morte de l'intérieur, mais dont le corps est encore vivant, errant sans but dans les rues, survivant dans un monde qu'il ne comprend plus. Ni lui, ni moi, ne savons ce qu'il fait là. Les minutes passent, il ne bouge plus et ne parle toujours pas. Andy lui propose de prendre le carton de mon vélo ; il accepte. A cet instant, je comprends que la vulgaire boîte qui protège mon vélo depuis trente-quatre heures va devenir son logis. Andy veut me prendre en photo à côté de cet homme et de son nouvel habitat, « Ça te fera un souvenir de ta première bonne action en Inde » me dit-il. Cette situation me met très mal à l'aise, je décline sa proposition. C'est définitif, cet homme est malsain.

Le vélo est monté et les bagages installés. Quinze minutes à pédaler me permettent de rejoindre l'hôtel dans lequel j'avais réservé une chambre. L'homme à l'accueil joue aux jeux vidéos, la clope au bec. Une fois la partie terminée, je semble enfin exister. Il m'annonce un prix plus élevé que celui qui était affiché sur internet au moment de la réservation. Cela fait maintenant trente-cinq heures que je voyage, je me sens fatigué et j'en ai assez vu pour la journée. Je négocie alors quelques centaines de roupies avant d'accepter de rester. Quelques heures plus tard, je me rends compte que deux hôtels portent le même nom dans cette ville. Je comprends que ma réservation ne concerne pas l'hôtel dans lequel je me trouve. La chambre est horrible, la décoration inexistante et les barreaux à la fenêtre me font penser à une prison. Plus chanceux que les prisonniers, j'ai au moins la clim.

Après un peu de repos, je grimpe sur mon vélo en direction de la mer. C'est la fin de journée, le soleil se couche et l'air est supportable. À l'heure du repas, je rejoins Andy au restaurant. Je ne suis pas très emballé à l'idée de passer ma soirée avec lui, mais je n'ai pas d'ami et son comportement, tout aussi étrange soit-il, m'intrigue. Après deux heures de discussion, il m'est toujours impossible de comprendre ce que cet homme est venu faire en Inde. Son discours est bienveillant, mais ses intentions me semblent être mauvaises. Ne ressentant rien de positif à son égard, je décide après ce repas de ne plus le revoir.

30/04, J-1 grand départ.

Je me réveille à 8 h 30 après une douce nuit de sommeil, prêt à attaquer cette dernière journée que je laisse à mon corps pour se remettre du voyage, du décalage horaire et pour s'adapter à la pesante chaleur et humidité de l'air ambiant. J'en ai oublié la laideur de cette chambre. Pourtant, les murs sont toujours orange, le plafond bleu et le vitrage recouvert d'un film teinté qui ne laisse entrer aucun faisceau lumineux. J'ouvre la fenêtre pour mieux y voir, mais il fait déjà trop chaud pour la laisser ouverte. Les rues sont déjà bien animées. Dans cette fournaise, les journées doivent commencer très tôt. Le pic de chaleur marque une pause, puis la vie reprend en début de soirée. De l'autre côté de la rue, derrière d'innombrables fils électriques, j'aperçois des femmes qui vendent du poisson, assises au bord de la route.

Après deux heures de méditation et de yoga qui m'aident à me remettre émotionnellement et physiquement de ces premières péripéties, je prends la route pour me rendre à l'endroit exact où mon voyage à vélo commencera.

J'arrive au niveau du dernier bout de roche qui sépare les terres indiennes de la mer. C'est aussi la dernière partie accessible à pied et à vélo. S'y trouve une énorme place où se mélangent touristes, vendeurs à la sauvette et hindous en pèlerinage. A 500 mètres des côtes se trouvent deux îles. Sur celle de droite est construite une statue de 40 mètres de haut à l'effigie de Thiruvalluvar un grand poète et philosophe du pays. Sur celle de gauche, un mémorial commémoratif pour le *swami* Vivekananda, moine Hindou et philosophe reconnu mondialement pour avoir introduit le yoga en Occident[1].

Les vendeurs à la sauvette sont nombreux, l'un d'entre eux m'aborde dans le but de me vendre un souvenir. C'est à la force de mes jambes que je vais déplacer chaque gramme qui constitue mon équipement.

---

[1] Vivekananda se rend à Chicago en 1893 à l'occasion de l'exposition universelle au Parlement des religions pour introduire l'hindouisme et ses pratiques sans même avoir été invité. Sa représentation est fulgurante et lui permet de débuter une longue série de conférences à travers le monde afin de propager les enseignements de son maître Râmakrishna, dont la pratique du yoga fait partie.

Pendant un tel voyage, être minimaliste est primordial. Pour justifier mon refus, je lui partage la raison de ma présence. À l'écoute de mon histoire, celui-ci s'émerveille. Pour me porter chance, il décide de m'offrir un collier de perles blanches en plastique. Ce n'est pas si lourd et ça semble lui faire plaisir. J'accepte son cadeau puis l'accroche à mon guidon pour me souvenir de cet acte de gentillesse qui m'aidera à surmonter les difficultés que je rencontrerai en chemin.

Je rencontre ensuite Kumar, venu du nord de l'Inde dans le but d'établir le nouveau record du temps de traversée de l'Inde à moto. Il se donne soixante-douze heures pour avaler 4 000 kilomètres de route, je me donne soixante jours. Nous faisons le même voyage mais pour des raisons différentes. Il souhaite être le plus rapide pour qu'on le voie, je souhaite être lent pour pouvoir voir. Il impose son rythme à la nature, je m'agenouille et lui fait honneur. Il veut marquer l'histoire, je veux que l'histoire me marque. Il veut briller, je veux qu'on m'oublie.

Le paysage est à couper le souffle, il est celui d'une île paradisiaque, entre le bleu de la mer et le vert profond de ces forêts verdoyantes de palmiers. En fond, le chant des oiseaux vient parfaire la scène. Cela me rappelle des souvenirs du Sri Lanka qui se situe à seulement 250 kilomètres d'ici. Mais la rue, elle, me rappelle la précarité de cette région du monde. Plus je me balade, plus je vois de sans-abris. De nombreuses familles démunies passent la journée à s'abriter sous les arbres pour se protéger des rayons du soleil. Certaines familles semblent être dans la rue depuis plusieurs générations. Les malades eux aussi sont nombreux.

Au milieu de cette misère, des centaines de pèlerins et de touristes sont en quête de découverte ou de divertissement. Les plus fortunés déboursent une centaine d'euros pour une nuit dans les hôtels les plus réputés de la ville. Les riches ne regardent pas les pauvres, les pauvres ne regardent pas les riches. Visiblement, cet écart de richesse accepté et la cohabitation de ces différentes classes sociales semblent convenir à tout le monde.

Quant à moi, je me sens coupable. Coupable d'être comme ces riches, qui osent se divertir au milieu de ce chaos, sans faire quoi que ce soit pour ces gens qui, face à nous, meurent de faim.

Pour renforcer mes doutes et mes appréhensions, la chaleur me met le coup de massue final. Depuis ce matin, comme tous les gens présents dans cette ville, j'avance dans les rues en me déplaçant d'un endroit ombragé à un autre pour éviter le contact direct du soleil. Suis-je de taille pour affronter autant de difficultés ? En plein été, rouler autant de kilomètres, au milieu d'une telle misère ? Ces questions me tiraillent, elles me remplissent de peur.

En fin de journée, alors que j'observe avec étonnement la grandeur et la beauté d'une église située en dehors de la zone touristique, un groupe d'enfants se dirige vers moi en courant. Ils sont une quinzaine et ont tous l'air plus heureux les uns que les autres. Nous échangeons quelques mots d'anglais sans trop nous comprendre, mais je n'ai qu'à utiliser mon klaxon trompette pour que la petite troupe se mette à rire aux éclats. Lorsque je m'en vais, ils m'accompagnent en courant et m'invitent à revenir demain. Leur joie est contagieuse, elle me réchauffe le cœur après cette triste journée. Je dépose à cet endroit même une partie de ma peine.

31 mars : 1ᵉʳ jour Kanyakumari – Kovalam, 87 km.

A 5 heures du matin, les chants religieux hindous me réveillent. Des haut-parleurs sont placés de part et d'autre dans la rue. Le volume est si élevé qu'il m'est impossible de me rendormir. Les dévots débutent leur journée par une prière, je débute la mienne par une méditation.

A 8 h 10, je me retrouve sur la même place que la veille. J'y suis enfin. L'heure du grand départ est arrivée. L'endroit est presque vide. J'observe ce qui m'entoure et je visualise ce challenge hors norme en silence. Mon premier voyage à vélo, de Toulouse à Copenhague, s'est déroulé un peu trop tranquillement. Il n'y a pas eu assez d'effort, de moments d'inconfort ou de peurs. Dans deux mois, je devrais être en plein cœur de l'Himalaya, à plus de 5 000 mètres d'altitude. Nul doute que cette aventure sera à la hauteur de mes attentes.

Les deux premières heures me procurent un profond sentiment de paix. Les paysages célestes de la veille me suivent. La température est déjà élevée, mais diminuée par l'air marin et le bleu de la mer qui m'émerveille. Après 30 kilomètres de côtes, me voilà dans les terres. La route est bordée de palmiers qui m'offrent de l'ombre. Il n'y a pas de circulation, uniquement des arbres, des champs et des oiseaux qui chantent.

Parfois, ces grandes étendues sont séparées les unes des autres par de petits villages. Les hommes reviennent de la pêche et les femmes, installées au bord de la route, vendent le poisson. Je me sens complètement libre, calme et présent, bien loin de mes préoccupations de la veille.

35 kilomètres plus tard, suant, mais en pleine forme, je m'arrête pour prendre le petit-déjeuner dans une cabane en bord de route. Quelques hommes sont présents, aucun ne parle anglais. Je commande des *idlis*, le seul plat végétarien que je connaisse. C'est un plat sain, riche en protéines, léger et facile à digérer. Il est constitué de petites galettes de riz blanc et de lentilles cuitent à la vapeur, accompagnées d'un curry de légumes et d'un chutney de noix de coco. C'est le petit-déjeuner parfait pour repartir encore plus en forme.

A 11 heures, il fait déjà 36 degrés, ressentis 41. Des gens de tout âge me saluent, certains ralentissent pour discuter, d'autres m'offrent de l'eau et des fruits. Les invitations à s'arrêter se succèdent, mais je les refuse les unes après les autres. Il me reste encore une cinquantaine de kilomètres et plus le temps passe, plus la température augmente.

A midi, je n'ai plus la forme du matin. Les 43 degrés ressentis m'affaiblissent chaque minute qui passe. Je suis en sueur de la tête aux pieds, le visage rouge et cerné, mon cœur est prêt à exploser à chaque changement de dénivelé. L'heure n'est plus à l'observation ou à la détente, mais à la concentration et à l'effort intense.

J'enchaine les courtes pauses pour me protéger du soleil et me réhydrater, mais cela ne suffit pas. A 13 h 30 je n'ai plus d'énergie, mon visage est fermé. Mon corps n'est pas habitué à cette chaleur et me le fait ressentir. Il ne reste que 30 kilomètres. En bonne condition physique, à 20 kilomètres à l'heure de moyenne, ce n'est qu'une heure et demie de plus à pédaler.

Un petit vent venant de face me donne de l'air en même temps qu'il me pousse à redoubler d'efforts. Je ne suis physiquement pas prêt pour cette épreuve, mais mentalement oui. Alors j'avance, coûte que coûte, la tête baissée, sans donner d'importance à mon corps qui me supplie d'arrêter.

A 16 heures, le calvaire cesse enfin. A bout de souffle, les cuisses, les mollets et les avant-bras brûlés par le soleil, traînant une intense migraine depuis plus de deux heures, j'utilise le peu d'énergie qu'il me reste pour monter l'escalier jusqu'à ma chambre. C'est la moins chère de l'hôtel, la seule à 10 euros la nuit, la seule sans climatisation. Pour me rafraîchir, je m'allonge sous le ventilateur à la sortie de la douche.

Trois heures plus tard, j'ouvre enfin les yeux. Je me sens plus en forme, suffisamment pour observer ce qui m'entoure. La chambre est minuscule, mais plus propre que celle de la veille. Depuis la fenêtre je ne vois que la mer et cette grande plage étendue sur plusieurs kilomètres, bordée de nombreux cocotiers. Regarder au loin ce lieu où le ciel rencontre la mer m'apaise. Ce qui était n'existe alors plus, j'oublie la pénibilité de cette journée et la paix me gagne à nouveau.

Comme chaque jour, l'un de mes moments préférés est celui du repas. Il rime avec surprises, nouvelles saveurs et nouvelles rencontres. Le réceptionniste m'indique la direction jusqu'à un *dhaba*[2], le genre de restaurant populaire où l'on se sent comme à la maison. Celui-ci, comme de nombreux autres, est tenu par une famille. Les enfants au service, les parents en cuisine. En extension à la maison familiale, une grande salle à manger est bâtie à même le sol, entourée de plexiglas et de tôles pour protéger du vent et de la pluie. Une dizaine de tables sont recouvertes de nappes dépareillées et accompagnées de chaises en plastique.

Personne n'y parle anglais, mais le régime végétarien étant très répandu en Inde, je n'ai qu'à répéter « *veg food* » (nourriture végétarienne) pour que ma requête soit comprise. En quelques minutes on m'apporte un plat qui pourrait nourrir au moins deux personnes. C'est un *meal*, également connu sous le nom de *thali* dans le nord du pays. C'est le repas emblématique de l'Inde, connu pour être sain et copieux, constitué d'un assortiment de mets dont la composition varie d'une région et d'un restaurant à l'autre. Dans celui-ci s'associent

---

[2] Terme hindi désignant un restaurant local où l'on mange de la cuisine populaire (principalement utilisé dans le nord de l'Inde).

merveilleusement du riz, des légumes, un curry de pois chiches, un chutney de coco, des crudités et un *papad*[3].

De retour à l'hôtel, allongé sous le ventilateur, la fenêtre ouverte, l'estomac rempli et le cœur joyeux, je m'abandonne au bruit des vagues et ma nuit commence.

1 avril : 2ᵉ jour. Repos à Kovalam, km 87.

Dès 8 heures du matin, l'air est chargé à 70% d'humidité et la température ressentie dépasse les 36 degrés. La fatigue est encore présente, mais cette chaleur m'empêche de rester au lit. Je prends la journée pour me reposer.

Dans les rues, les chants hindous sont remplacés par les appels à la prière des musulmans. Récités d'une voix douce et pénétrante, ils me procurent un sentiment de paix. Toute la journée, ils rappellent aux pratiquants l'heure de prier, tandis qu'ils sont pour moi une invitation à la pleine conscience. Je mets de côté ce que je suis en train de faire et me déconnecte du mode de pilotage automatique pour donner, pendant quelques instants, de l'importance à ma respiration et mes sensations corporelles.

A midi, les rues sont presque vides. Il fait beaucoup trop chaud. Je m'arrête dans un *dhaba* dans le cœur historique de la ville pour déjeuner loin de l'agitation touristique. Lorsque je rentre, tous les clients me regardent. Il n'y a que des hommes, dont nombre d'entre eux avec de longues barbes. Le restaurant est sombre, le plafond noir de saleté, les murs bleus, seuls quelques faisceaux lumineux qui passent à travers des

---

[3] Une fine galette de haricots ou de lentilles frites.

barreaux éclairent de manière naturelle la pièce. Les serveurs connaissent quelques mots en anglais, mais pas suffisamment pour m'expliquer ce qu'ils proposent à manger. A gauche de la pièce, se trouve un énorme buffet, sur lequel sont disposées de grosses marmites. Comme hier, je leur répète plusieurs fois « *veg, veg* ». Leur anglais est très limité et pourtant, remplis de gentillesse, deux serveurs, aidés d'un client, essaient tant bien que mal de m'expliquer ce qu'ils proposent. A plusieurs reprises, pendant le repas, le personnel et d'autres clients assis aux tables qui m'entourent s'assurent que tout se passe bien et font en sorte que je ne manque de rien. Si je m'étais arrêté à la première impression, j'aurais fait demi-tour dès mon arrivée dans ce *dhaba*. Lorsque j'en sors après un copieux déjeuner, j'espère de tout mon cœur avoir la chance de recevoir un tel accueil dans les prochains restaurants que je visiterai.

Ayant quelques réglages à faire sur le vélo, je pars ensuite à la boutique de Shihabudeen, le réparateur du quartier recommandé par l'un des serveurs.

Shihabudeen tient une boutique d'une dizaine de mètres carrés où sont entassés une trentaine de vélos dans un état pitoyable ainsi que des jantes, des pneus, des chambres à air et des outils en tout genre disposés un peu partout sur le sol. Le tout recouvert d'une épaisse couche de poussière. Shihabudeen trouve au milieu de ce bazar une chaise qu'il prend soin de nettoyer avant de m'y faire asseoir. Lui est assis au sol, sur une marche, au milieu d'outils rouillés, d'où il opère sa magie.

Google traduction nous permet de discuter et petit à petit, j'en apprends un peu plus sur cet homme. Si Shihabudeen est bien connu dans le coin c'est parce qu'à cinquante et un ans, cela fait déjà quarante ans qu'il répare les vélos du quartier. Ce magasin dans lequel nous nous trouvons, lui a été légué par son père, qui lui-même, l'avait reçu de son père. Il ne travaille pas pour économiser, mais pour nourrir sa famille au jour le jour. Au rythme de dix heures par jour et sept jours sur sept, c'est son travail qui ordonne sa vie. Ayant quitté l'école très tôt, il ne sait ni lire, ni écrire. C'est en me montrant d'un air timide une lettre non ouverte que je comprends comment épeler son prénom.

Lorsque nous parlons ensemble de choses positives, Shihabudeen finit toujours ses phrases par *Allahu Akbar*. Une mûre réflexion l'a-t-elle guidé vers la piété ? Ou cette orientation s'est-elle imposée à lui dans cet environnement islamique omniprésent, rappelé à longueur de journée par les prières diffusées par les haut-parleurs placés aux quatre coins du quartier ?

Après plus d'une heure et demie de discussion, c'est d'une accolade que je quitte Shihabudeen, avec mon vélo qu'il a pris soin de réparer. Il me faudra insister pour que cet homme, pauvre à l'extérieur mais si riche de l'intérieur, finisse par accepter la centaine de roupies que je lui dois. Si Dieu existe, qu'il entende ma gratitude pour cette rencontre qui marquera à jamais mon cœur. Aussi brève soit-elle, c'est ce genre de rencontre qui me procure une partie de la motivation dont j'ai besoin pour faire face aux difficultés que je croise.

Je passe le reste de la journée en terrasse, face à la mer, à lire et reposer mon corps qui est encore endommagé de la veille. Jusqu'à 16 heures, il n'y a personne sur la plage. Personne d'assez fou pour s'ébouillanter au soleil pendant le pic de chaleur. Ce n'est qu'en fin de journée que, petit à petit, les touristes sortent de leur hôtel climatisé pour aller profiter de la mer. Si le soleil est évité de tous aux heures chaudes, je dois alors, moi aussi, m'adapter à cette météo. Je décide donc de revoir mon organisation, afin de faire en sorte de ne plus pédaler après la fin de matinée.

5 h 30, le réveil sonne. La nuit n'a pas été bonne. La température n'est pas descendue en dessous de 27 degrés. Je me suis réveillé à plusieurs reprises à cause de la chaleur. La seule chose que je puisse faire pour me refroidir pendant ces moments est de prendre une douche et de me jeter dans le lit complètement trempé. En dessous du ventilateur, l'air me rafraîchit suffisamment pour me rendormir quelques heures, avant de me réveiller à nouveau.

C'est l'heure du lever du soleil. À gauche j'observe le vert des palmiers, en face le beige du sable, plus loin le bleu de la mer et en haut, le ciel recouvert d'un magnifique voile rose. Le décor est féerique, la contemplation d'une telle vue suffit amplement pour oublier toute fatigue et rancœur de la nuit. Trois bananes avalées, quelques fruits secs, cinq minutes d'étirements, cinq de plus pour ranger mon équipement, me voilà prêt pour attaquer cette nouvelle journée. Il est 6 h 10 au moment du départ, j'ai donc face à moi une fenêtre de sept heures, pour avaler les 82 kilomètres de la journée et arriver avant 13 heures à la prochaine ville étape.

À cette heure-ci, pédaler est agréable. Les routes sont désertes, le calme règne et en roulant à une vingtaine de kilomètres à l'heure, l'air qui caresse ma peau en est même plaisant. C'est le meilleur moment de la journée pour se balader et de nombreuses personnes en profitent pour sortir. C'est aussi l'heure où les quelques cyclistes du pays font leur sortie quotidienne. En Inde, le vélo est un moyen de transport très répandu. Mais dans ce pays où une grande partie de la population peine à subvenir à ses besoins, se balader à vélo pendant des heures est réservé aux classes supérieures qui ont le privilège d'avoir du temps libre pour se détendre et pour prendre soin de leur corps. Au croisement d'une rue, je rencontre l'un d'eux, Kumar, un haut gradé de la police avec qui je roule une dizaine de kilomètres. Notre discussion manque de profondeur, il n'est intéressé que par la marque de mon vélo, mon pays d'origine, ma destination finale, ma religion et ma situation familiale. Ce n'est pas un grand bavard, mais rouler avec de la compagnie est appréciable. C'est à la sortie de la ville que nos chemins se séparent. Kumar part surveiller son pays, quant à moi, je pars à sa découverte.

Je m'engage ensuite sur une ligne droite de plusieurs dizaines de kilomètres longeant la mer et traversant d'innombrables villages de pêcheurs. A ma grande surprise, cet État est peuplé à hauteur de 20 % de chrétiens[4]. Aujourd'hui dimanche, les haut-parleurs nous partagent la messe. Ils sont réglés sur le volume maximum et judicieusement positionnés dans plusieurs coins de rues, impossible pour quiconque de prétendre avoir oublié la messe. Le son est si fort que rester à côté de certaines enceintes en devient même désagréable. Aujourd'hui, les voitures sont rares. En famille ou entre amis, des plus jeunes aux plus âgés, les villageois se déplacent à pied ou en scooter pour se rendre à l'église. Tous endimanchés, jeans chemise pour les jeunes hommes, un *longhi*[5] pour les plus anciens, et des robes traditionnelles multicolores pour les femmes. Les plus belles tenues sont de sortie.

Qu'ils soient hindous, musulmans ou chrétiens, les chants religieux m'apaisent. C'est donc à mon habitude que je profite de cette journée de messe pour faire quelques courtes pauses, le temps de fermer les yeux et profiter de la douceur de ces chants que j'aime tant.

---

[4] Catholiques et orthodoxes syriaques.

[5] Un pan de tissu très léger en forme de tube qui recouvre le bas du corps à partir de la taille, principalement utilisé dans l'Inde du sud où la chaleur est très élevée.

Après quelques minutes de relaxation, je repars aussitôt pour avaler le maximum de kilomètres pendant que la chaleur est encore acceptable. Ce n'est qu'aux alentours de 10 heures que je décide de prendre une pause déjeuner dans un petit hangar en bord de route, sans fenêtre ni aération. Il fait encore plus chaud sous ce bloc de tôle qu'en plein soleil. À peine assis, je repars aussitôt. Il me faudra rouler quelques kilomètres de plus pour trouver un endroit convenable, le restaurant d'un hôpital où se mélangent médecins, patients, visiteurs et un voyageur à vélo qui ne passe pas inaperçu. Les jeunes serveurs s'intéressent à moi, je suis leur attraction de la journée. Les mêmes questions que celles du cycliste de ce matin me sont posées. Contrairement à moi, bien qu'ils aient mon âge, ils sont mariés, ont des enfants et sont religieux. D'une gentillesse sans égale, ils veillent à ce que tout se passe bien et que je ne manque de rien.

Le chemin longeant la mer se termine, je me trouve à présent dans les terres. Je me retrouve seul, avec à ma droite, un énorme lac et, à ma gauche, des prairies et des palmiers à perte de vue. Il n'y a ni humain, ni habitation. Qu'elle est belle la Terre, épargnée des sales pattes destructrices de l'Homme. Les oiseaux sifflent, les buffles broutent et moi je les observe. Il est midi, le soleil me frappe de plein fouet, la sueur coule par litres. Mais le simple fait d'être seul, dans la nature, sans aucune trace de vie humaine, à 8 000 kilomètres de l'endroit qui m'a vu naître, me remplit, plus que jamais, d'un profond sentiment de liberté.

Cette belle journée touche à sa fin à 14 h 45. Sans dénivelé et avec plus d'ombre, je me sens un peu moins fatigué que le premier jour. Quelques ajustements sont encore à faire sur l'organisation car l'heure est encore tardive, mais l'effort de la journée est supportable.

Le seul hôtel à moins de 10 euros la nuit se trouve à plusieurs kilomètres de la mer, dans la petite ville de Karicode, où aucun touriste ne se rend à part moi. Tout comme cet endroit, l'hôtel est sale et miteux, le réceptionniste, lui, n'est guère plus accueillant. A peine arrivé, j'ai déjà envie de repartir. À 81 kilomètres plus au nord se trouve un village en bord de mer avec de nombreuses auberges de jeunesse. J'attendrai donc demain pour prendre un nouveau jour de repos et profiter de la plage.

Arrivé dans la chambre, j'entreprends la routine que je vais alimenter pendant toute cette traversée. Dans la salle de bains, j'ouvre le robinet pour remplir le seau d'eau, pour y plonger un broc que je finis par me verser dessus. C'est une douche à l'indienne. Une fois lavé, c'est au tour de mon seul T-shirt à manches longues et mon unique short de vélo d'être mis à tremper avant d'être nettoyés. Une quantité limitée de vêtements qui me permet d'avoir moins de poids à porter. Je pars ensuite à la sieste, continue ma séance de relaxation par une session de yoga et termine par une méditation. Me voilà ensuite nettoyé de l'intérieur, comme de l'extérieur.

Après une rapide escapade pour aller me nourrir, acheter quelques fruits, des amandes et des noix de cajou pour le petit-déjeuner, me voilà de retour dans ma chambre violette avec vue sur les poubelles, dans laquelle je suis malgré tout sûr de passer une bonne nuit grâce au système de climatisation dont elle est équipée.

3 avril :. Karicode – Alleppey, 81 km. T : 250 km.

Certaines personnes ont la faculté de se lever cinq minutes avant l'heure du départ, sans être en retard. D'autres finissent toujours par être en retard, quelle que soit l'heure à laquelle elles se lèvent. Personnellement, j'ai longtemps essayé de me persuader que je faisais partie du premier groupe. Pendant mes années de collège, de lycée, d'université et même pendant mes premiers boulots j'ai tenté, en vain, d'être prêt à l'heure pour éviter les retards.

Ce matin, je me réveille à 5 h 30 avec l'intention de partir à l'aube, pour 6 heures. Mon premier coup de pédale sera finalement donné à 6 h 30. Plus jeune, à l'école, mon retard me faisait arriver après le début de la classe. Aujourd'hui, il n'y a plus personne pour me gronder, mais trente minutes de retard signifient trente minutes de vélo supplémentaires sous 40 degrés. Plus jeune, mon incapacité à être à l'heure m'énervait. Les années passées m'ont apporté de la maturité et l'introspection, de la sagesse. J'accepte maintenant de faire partie du second groupe de personnes et les conséquences que cela peut avoir.

Si tôt le matin l'air est encore frais, les premiers kilomètres à travers de longues étendues de champs et de lacs sont jouissifs. Je ne suis qu'une direction, celle du nord, éclairé à ma droite par la lumière orange du lever du soleil.

Une heure plus tard, j'arrive sur la route 66[6]. Le changement de décor est brutal. Il n'est que 7 heures du matin et pourtant la route est déjà surchargée de scooters, motos, voitures, *tuk-tuks*, bus et camions. Le chant des oiseaux s'est transformé en guerre de klaxons, l'odeur d'une nature fraîche remplacée par celle d'un air pollué. Les seuls coins d'espaces verts sont recouverts de plastiques et poubelles en tous genres.

Me voilà lancé sur 73 kilomètres de bitume dans une chaleur intense et humide, embrumé par les gaz d'échappements des camions, frôlé par les queues de poisson incessantes des bus qui s'arrêtent brutalement

---

[6] Axe principal de 1 608 kilomètres, parfois en deux fois deux voies, qui traverse tous les villages du pays reliant Kanyakumari à Mumbai.

quelques mètres plus loin pour déposer leurs passagers. Rien de tout cela n'est agréable.

Je m'efforce de ne pas donner d'importance à cet environnement. Tout en surveillant d'un œil la circulation, je focalise mon attention sur ma respiration. Je ne pense qu'à l'air que j'inspire, puis expire. Je ne laisse aucune pensée m'affaiblir.

10 heures, c'est enfin l'heure du petit-déjeuner. Si bien des inconvénients sont notables sur cette route, elle offre toutefois une quantité et une variété de restaurants indiscutable. Comme dit Sylvain Tesson, *« La cessation du manque ou du besoin, c'est le luxe suprême. »*. C'est ce que je ressens en buvant ce verre d'eau fraîche sous la climatisation. Les heures passent et la chaleur grimpe, en moins de vingt-cinq minutes j'ai mangé, je me suis assoupi sur la table et j'ai rempli mes bouteilles d'eau. Je retourne au combat.

La difficulté de mon premier coup de pédale m'indique que quelque chose ne va pas. C'est une crevaison lente. Stratégiquement, dans ma course contre la chaleur pour les 50 kilomètres restants, je choisis de m'arrêter chez un réparateur de vélo pour surgonfler mon pneu en quelques secondes plutôt que de prendre le temps de le démonter pour y coller une rustine. 30 kilomètres plus loin, je recommence l'opération pour la seconde et dernière fois avant l'arrivée.

En France nous avons des aires de repos, dans cette partie de l'Inde elles sont remplacées par des vendeurs de jus de sucre de canne, judicieusement installés sous l'ombre d'arbres géants qui longent la route. Je m'y autorise quelques minutes de repos.

À peine arrivé à Alleppey, trois petits bonhommes me barrent le chemin au coin d'une ruelle et me demandent de l'argent. Je n'ai pas envie de me faire voler par des gosses et encore moins d'en taper un pour faire peur aux autres. Une femme passe au loin, je décide de l'appeler pour attirer son attention et au même instant, comme je l'espérais, les trois apprentis racketteurs me laissent passer. Si un adulte du village venait à savoir que des enfants tentent de s'en prendre aux étrangers, ils passeraient un sale quart d'heure.

Il est déjà 15 heures. Je réserve un lit dans un dortoir de six personnes pour les deux prochaines nuits. J'aime faire étape dans des auberges de jeunesse le temps de recharger les batteries, nettoyer mes vêtements et surtout sociabiliser avec des personnes du monde entier qui partagent une passion commune pour le voyage. Finalement, ma chambre est vide. Après une longue sieste je pars en balade sur la plage en quête de rencontres. Je ne trouverai personne. À 18 h 00 les rues comme la plage sont désertes.

C'est de retour à l'auberge que je rencontre Tay, un Japonais qui cherche en Inde un fournisseur de textile pour sa marque de vêtements. Il est ici depuis une semaine et je suis le premier voyageur étranger qu'il rencontre. À travers notre discussion, mes pensées se confirment. En pleine saison chaude, les étrangers sont dans le nord du pays où le climat est forcément plus agréable.

Nous dînons ensemble au bord de la mer, les pieds dans le sable. La pénibilité de cette journée est désormais derrière moi. Je suis heureux d'avoir un nouvel ami après cinq jours de solitude depuis la rencontre d'Andy. À l'instar des Japonais, Tay est gentil, courtois et rigolo.

4 avril : Repos à Alleppey, km 250.

Ici, il est possible de faire du yoga sur une plage remplie de plastique, au milieu de chèvres qui se baladent. Suis-je plus surpris par la quantité de déchets déposés par les vagues et les locaux eux-mêmes, ou par la présence des chèvres ? Je ne peux y répondre. Je le sais, ce pays est aux antipodes de ce que je connais. La culture est différente, tout comme les standards, la notion de bien et de mal etc. Une situation peut me sembler amusante et complètement déroutante, tandis qu'elle est banale pour un autre. Ceci n'est qu'une question de perception. Toutefois, juger les situations à partir des normes et valeurs occidentales serait inapproprié, injuste et ne me permettrait pas d'apprécier les moments que je vis dans ce pays qui m'accueille. C'est pourquoi depuis mon arrivée en Inde, bien que je ne comprenne pas certaines choses, je m'efforce d'observer sans juger, d'accueillir avec neutralité les expériences que je vis.

À quelques pas de cette plage à l'allure de décharge publique se trouve tout ce qui s'y oppose : un petit café dans la cour d'une maison, paisible, intimiste, où vivent deux chats et un milan sacré[7] en convalescence. Cet endroit est magnifique. Il y a des arbres, de nombreuses plantes aux mille et une couleurs et je ressens la chaleur de l'accueil offert par le couple de propriétaires anglo-indien. Le déjeuner occidental offre enfin un moment de répit à mon estomac et pour couronner le tout, j'ai le luxe de déguster un café à l'italienne.

Je profite de ce long et profond moment de calme pour faire un point sur le début de ce voyage. La tête dans le guidon, je ne fais qu'avancer sans trop me poser de question et il m'est parfois difficile de prendre du recul sur ce que je vis. Prendre le temps de ne rien faire et d'accueillir des nouvelles pensées est l'unique manière de savoir ce qui est bon pour moi et ce qui ne l'est pas. Finalement, le bilan de ces quatre jours s'établit plutôt naturellement. Les paysages étaient magnifiques et la

---

[7] Un rapace d'une cinquantaine de centimètres, au plumage marron, sauf la tête et la poitrine de couleur blanche.

route plutôt calme. Le challenge sportif m'intéresse et me permet de grandir. En revanche, les rencontres ont été trop brèves ou limitées par la barrière de la langue. Je n'ai pas eu la possibilité d'approfondir les relations et d'apprendre sur la culture locale. J'exprime alors mon envie de rencontrer plus de locaux sur le groupe Facebook qui m'avait permis de rencontrer Rajesh.

Le pays de Gandhi est l'endroit de tous les possibles, il faut simplement trouver la manière d'arriver à ses fins. La graine est plantée, il ne reste plus qu'à attendre que l'arbre pousse.

5 avril : Alleppey - Fort Cochin, 55 km. T : 305 km.

La journée s'annonce parfaite. La prochaine étape est la ville de Cochin, à seulement 55 kilomètres au nord. C'est une ancienne colonie portugaise, hollandaise et anglaise, reconnue pour son architecture. C'est aussi moins de trois heures de vélo, ce qui signifie que je n'ai pas à me presser, ni à craindre la chaleur. Je peux avancer à mon rythme, sans aucune contrainte. À 6 h 00, heure où le monde se réveille, je suis déjà en selle, profitant de l'air frais et de la douceur des paysages sans veiller aux véhicules et à leurs conducteurs fous.

La découverte est l'essence même du voyageur ; elle lui donne la force d'avancer. Ce sentiment de nouveauté va-t-il m'accompagner jusqu'à Mumbai à plus de mille kilomètres au nord ? Ou la monotonie des côtes va-t-elle prendre le dessus et me blesser moralement ?

Les premiers rayons de soleil se faufilent à travers les palmiers, la brume plane au-dessus de l'eau et le tout se reflète dans la rivière. Entre deux patelins, ce sont les oiseaux et les grenouilles qui m'accompagnent en chanson. Dans les villages, ce sont les chants religieux.

Aujourd'hui, j'ai la chance de pouvoir éviter la route 66 avec une longue ligne droite qui suit la côte en traversant des zones rurales jusqu'au centre de Cochin. Petit à petit, les villageois se réveillent et la venue d'un étranger ne passe pas inaperçue. Je me fais saluer par des sourires et des gestes de la main. C'est agréable de se sentir bienvenu et en sécurité. À l'écart de l'agitation de la ville, les habitants de la campagne semblent bien plus détendus.

Je suis surpris de voir les traces de la coupe du monde de football 2022. Dans la région, les fans du ballon rond sont nombreux et chaque village a son pays favori. Des drapeaux sont accrochés aux maisons et les murettes et sols sont repeints à la couleur du pays soutenu. Trois favoris se distinguent : l'Argentine, le Portugal et le Brésil. Cristiano Ronaldo et Lionel Messi sont les têtes d'affiches. Des pancartes de 4 mètres de haut à leur image sont disposées à l'entrée des villages.

L'Inde s'est fortement développée ces dernières années et a su s'adapter aux attentes des voyageurs étrangers. Cochin étant très touristique, il est facile de trouver un lit dans une auberge de jeunesse pour 5 euros la nuit. Aussi, la propreté de certains quartiers est bluffante. C'est la première fois en 300 kilomètres que je peux marcher sur des trottoirs. Plus agréable encore, on y trouve des zones ombragées grâce à de gigantesques arbres qui poussent partout dans la ville. Curieux de connaître leur âge, je questionne un passant. Il m'informe que les plus vieux d'entre eux ont plus de 300 ans, les habitants les respectent beaucoup. De ce simple renseignement s'ensuit une discussion d'une dizaine de minutes. Cette facilité à discuter avec des inconnus est étonnante, beaucoup plus rare en Occident, où prendre le temps de discuter sans raison peut être perçu comme une « perte de temps » dans notre course contre la montre.

Proches de la ville, les infrastructures portuaires sont nombreuses et les chalutiers omniprésents. En mer ou amarrés au port, ils sont partout, par centaines et tous identiques avec la cabine rouge, le pont turquoise et la coque bleu foncé.

Au milieu de ces mastodontes, se trouvent encore quelques pêcheurs traditionnels. Ce sont des villageois cramés par le soleil, vêtus d'un _longhi_ et d'un chapeau de paille. Leur équipage est limité à un ou deux hommes, dans des barques longues d'environ 4 mètres et larges d'un demi-mètre. L'un s'occupe de jeter le filet pendant que l'autre guide l'embarcation en prenant appui sur les fonds marins à l'aide d'une longue perche en bois.

Les premiers sont souvent employés par de grandes sociétés privées et envoyés au large pour pêcher le maximum de crevettes qui se retrouvent ensuite dans les assiettes du monde entier. Ces sociétés sont rares dans un État communiste comme le Kerala. Peu scrupuleux et ne recherchant que le profit, elles se gavent par la pêche industrielle et intensive, détruisant l'écosystème et remettant en cause l'abondance de la mer et l'équilibre financier des pêcheurs traditionnels. Cherchant à accaparer toujours plus de richesses, elles sont un poids pour le monde car elles détruisent le vivant.

Les seconds cherchent à subvenir à leurs besoins. Ils pêchent et vendent en quantité raisonnable pour leurs familles et le village. Ils avancent à la force de leur bras et à la vitesse de l'humain. Ils vivent en harmonie avec la nature. A cause d'une compétition inégale et de la diminution du rendement causé par les chalutiers, des conflits entre les deux groupes ont régulièrement lieu depuis un demi-siècle.

Grâce à la pêche, l'agriculture (thé, noix de coco, café caoutchouc, poivre etc.), les ressources minières, le tourisme et l'argent gagné dans les pays du Golfe par les travailleurs immigrés, l'État du Kerala fait partie des plus développés du pays. La misère, la saleté et l'insalubrité m'avaient marqué lors de mon arrivée à Kanyakumari (État du Tamil Nadu, frontalier du Kerala), mais ici et plus encore aux alentours de Cochin (capitale économique de l'État), les routes sont développées et les espaces communs assez propres. De nombreuses familles sont même assez fortunées pour vivre dans des villas et rouler dans des voitures récentes.

La graine plantée deux jours plus tôt a germé. À midi je rencontre mon hôte, Kiran. Il m'a proposé de m'héberger lorsqu'il a vu ma publication sur le groupe Facebook.

Kiran vit normalement à Bangalore, ville reconnue dans le monde de la *Tech* pour être la version indienne de la Silicon Valley. C'est une ville de 12 millions d'habitants où vivent sa femme et sa fille, à 450 kilomètres d'ici. Il m'accueille pourtant près de Cochin, dans la maison familiale qui l'a vu grandir et où vivent encore ses parents. En 2020, fuyant les restrictions imposées par le COVID à Bangalore, Kiran est revenu dans son village natal. C'est à ce moment-là qu'il a repris le goût de la vie à la campagne, offrant un confort qu'il avait oublié pendant ses années d'études en ville. Si la pandémie du Covid a été destructrice pour une grande partie de la population, elle a tout de même été bénéfique pour la nature et les personnes comme lui qui ont repris goût à la vie loin des bruits, de la saleté, de la pollution et de l'artificialisation des villes.

Son père est un ancien électricien. En quinze années de travail aux Émirats Arabes Unis, où il a pu travailler dur pour un salaire plus élevé qu'en Inde, il a pu offrir, à lui ainsi qu'à sa femme, une retraite paisible dans cette maison de campagne, et à Kiran une éducation de qualité à Bangalore.

Ensemble, nous partageons un copieux repas pendant que sa mère assure le service. La nourriture dans les restaurants est délicieuse, néanmoins, un repas préparé avec amour par la maîtresse de maison est orgasmique.

Le club de cyclisme de la ville est au courant de ma venue. Avant d'aller les rejoindre, Kiran me montre une affiche qu'il a créée pour moi : « *Fun N Welcome ride with MARCEAU at 6 pm*[8] ».

Nous arrivons au point de rendez-vous à 18 h 30. Le groupe est joyeux et d'autres cyclistes arrivent même après nous. Ici, arriver une demi-heure plus tard, ce n'est pas être en retard. Le T-shirt du club est fièrement porté, un maillot jaune floqué d'un temple hindou, d'une église et d'une mosquée. Certains utilisent la religion comme prétexte de division sociale, eux l'utilisent pour s'unifier.

Après une longue séance photo, nous partons en balade. Nous sommes une dizaine à arpenter les rues du centre et à slalomer au milieu de cet immense foutoir et de tous ces véhicules cabossés. Quelle joie de *rider* à plusieurs, délesté de ma vingtaine de kilos d'équipement. Je me sens d'habitude très vulnérable lorsque je suis seul sur ces routes mortelles. Ici et accompagné, je me sens invincible.

Prochaine étape, une roulotte réputée pour sa *street food*. Au bord de l'axe principal, sur un trottoir à demi détruit, assis sur des boîtes en plastiques, avec les mains en guise de couverts, l'heure est à la dégustation. Ce sont mes premiers *uttapams*, un genre de pancake du sud

---

[8] Balade pour s'amuser et souhaiter la bienvenue à Marceau à 18 heures.

de l'Inde fait de farine de riz et de lentilles, auquel on ajoute quelques oignons, de la tomate, bien évidemment des épices, puis un curry de légumes. C'est un autre plat très commun dans l'État du Kerala.

Profitant de l'occasion d'être en ville et avec un local, je demande à Kiran de m'amener dans un magasin de vélo pour acheter un porte-bidon et de m'aider à trouver un drapeau de l'Inde. Au rythme d'un litre d'eau par heure, un nouveau porte-bidon peut me permettre de stocker une heure d'eau supplémentaire.

Au magasin de vélo, Kiran raconte mon début d'aventure au patron. Honoré que je vienne découvrir son pays, il m'offre l'équipement dont j'avais besoin avant de prendre soin de me l'installer. Pendant ce temps-là, d'autres membres du groupe partent arpenter les rues à la recherche d'un drapeau à m'offrir.

Nous ne nous connaissons pas et pourtant ils saisissent chaque opportunité pour me faire plaisir et embellir mon aventure. Cette envie de rendre service, cette hospitalité et cette générosité me touchent profondément.

7 avril : Thrissur - Tirur, 66 km. T : 451 km.

Il est 5 h 30, les parents de Kiran se sont levés pour me préparer le petit-déjeuner. Mon pessimisme lié à la fatigue accumulée disparaît grâce à l'attention qu'ils me donnent.

Je découvre aujourd'hui en plein cœur d'un village une pharmacie offrant des traitements ayurvédiques. Il s'agit d'une médecine alternative vieille de 5 000 ans, étroitement liée au yoga et reposant sur l'idée que la maladie est causée par le stress ou un déséquilibre dans la conscience d'une personne. Les traitements sont axés sur des soins par les plantes, des régimes alimentaires et des thérapies naturelles comprenant des massages, mais aussi la pratique du yoga et de la méditation. L'ayurveda est reconnue officiellement en Inde comme une médecine, au même titre que la médecine chinoise, la naturopathie ou encore la médecine conventionnelle de l'Occident.

A l'entrée de la boutique, un vieil homme découpe à la hache des racines pour préparer une future potion à base de curcuma. A l'intérieur, il y a une centaine de préparations, faites avec des mélanges d'herbes, de racines et d'épices. Il y en a absolument partout, dans des pots, des bacs et même pendues au plafond. J'en reconnais quelques-unes comme l'aloe vera, la cardamome, la fleur d'hibiscus, la cannelle, la muscade et la fleur d'anis.

Les deux hommes âgés ne parlent pas anglais. Je me servirai d'un curieux venu m'interroger à la vue de mon vélo, comme interprète. Grâce à lui, j'en apprends un peu plus sur cet endroit transgénérationnel légué de père en fils depuis maintenant cent vingt-quatre ans. Le vieil homme est le quatrième enfant à hériter de ce riche patrimoine. C'est également l'occasion de me trouver un traitement pour la gorge et pour la diarrhée qui ne me lâche pas depuis mon arrivée en Inde. J'imagine que la pollution m'assèche la gorge et que la chaleur, l'effort intense, les épices et le manque de repos sont les causes de mes problèmes de digestion. Un traitement naturel pourrait peut-être aider mon corps à supporter tout cela.

Nous échangeons ensuite sur l'évolution de la médecine conventionnelle et l'impact de celle-ci au détriment de l'ayurveda. La première est chère, mais propose des soins plus rapides par l'ingestion de molécules très puissantes et sans avoir besoin de modifier son mode de vie. La seconde, 100 % naturelle, est peu coûteuse, mais les traitements sont longs et imposent au patient de s'adapter (par du repos, des régimes alimentaires, des pratiques spirituelles etc.). La première induit des effets secondaires notables, la seconde, aucun. En somme, la première nous permet de rêver en nous laissant croire que nous ne sommes pas la cause du problème, tandis que la seconde nous responsabilise et nous impose de changer et de maintenir une vie saine pour être en bonne santé.

L'ayurveda reste très pratiquée en Inde, au Népal et au Sri Lanka (où le nombre de praticiens ayurvédiques est plus élevé que le nombre de médecins conventionnels). En revanche, cette médecine naturelle est plus que jamais mise en péril par les industries pharmaceutiques engagées dans une course au profit. Ces dernières dépensent des millions de dollars, chaque année, en budget communication pour voir leurs ventes augmenter au détriment de leurs clients (ou patients).

Cela fait maintenant 450 kilomètres que je longe les côtes. J'entre maintenant dans les terres pour découvrir l'arrière-pays. Je prends la direction de l'est pour rejoindre Ooty qui se trouve à 150 kilomètres pour y découvrir ses champs de thé. Je compte ensuite remonter au nord en direction du parc national de Bandipur, l'une des plus grandes zones préservées d'Inde. C'est une partie du voyage que j'attends avec impatience pour la richesse de la faune et de la flore de cette partie du pays. Je m'imagine depuis des semaines, seul, dans un silence profond, loin de l'Homme, au milieu de cette jungle tropicale et des forêts d'eucalyptus. Je n'aurai qu'à pédaler et me laisser aller. Je vais même, si la chance me sourit, vivre de frissonnantes rencontres avec des tortues, des caméléons, des aigles mais aussi des éléphants et des léopards.

Mais m'étant lancé dans ce voyage dans l'improvisation la plus totale, je n'ai pas anticipé les difficultés liées à la chaleur qui m'empêchent de rouler l'après-midi et de dormir en tente où bon me semble. Elle me restreint sur les kilomètres et me rend dépendant des logements équipés de climatisation ou de ventilateur. Ne rien prévoir et s'adapter au cours des choses, c'est ma ligne de conduite. Ma seule obligation est d'être dans le nord de l'Inde le 28 mai, dans cinquante et un jours, pour recevoir un invité venant de France. Pour avoir une chance d'arriver à temps, je dois, à mon plus grand regret, abandonner cette étape pour continuer à longer les côtes jusqu'à Mumbai.

Je partirai donc demain, pour les 1 000 derniers kilomètres de côte jusqu'à la ville de Mumbai.

8 avril : Tirur - Koyilandy 75 km. T : 526 km.

Je m'engage aujourd'hui pour 75 kilomètres de vélo. Les 30 premiers kilomètres en bord de plage m'offrent une alternative à la route 66. Le début de journée est agréable, la circulation est faible, certaines parties sont ombragées et l'environnement est plus sauvage. Des riches propriétaires vivent ici dans des maisons dont la taille dépasse aisément les 1 000 m². Sur le parking, on peut voir des voitures de sport venues de nos terres, Ferrari, Lamborghini, Bentley etc. Elles sont gardées par des hommes qui, même en économisant leur salaire pendant toute leur vie, ne pourraient se payer l'une d'entre elles. Comme pour se protéger de la peste, d'immenses murs de plusieurs mètres de haut sont bâtis autour de ces propriétés.

Je découvre chaque jour une nouvelle méthode de pêche. Aujourd'hui, certains pêchent à l'épervier. Des petits groupes sondent le bord de mer, l'eau au niveau de la taille et lancent à la main leurs filets sur chaque banc de poissons. Les moins actifs s'installent sur les ponts et contemplent le large en attendant patiemment que le bout de la canne s'active.

Me voilà à midi devant l'adresse indiquée par le GPS, celle de ma chambre pour la nuit. Je tourne en rond, je fais le tour des quelques bâtiments de la zone, mais je ne vois aucun hôtel. Un passant m'informe alors qu'il n'existe plus depuis maintenant trois mois. Il m'en indique un nouveau, situé au bord de l'axe principal, réservé aux gens de passage.

La devanture n'est pas accueillante et la rue est bruyante, mais le seul autre hôtel de la ville offre des chambres à partir de 27 euros la nuit. Sans hésitation, j'opte pour la première option. Dans la chambre, le sol est marron, les murs sont blancs, le plafond vert et les rideaux bleus. Les peintres sont-ils daltoniens ? La fenêtre donne sur le bâtiment d'en face, construit à peine un mètre plus loin, empêchant la lumière de s'infiltrer. La salle de bains est équipée d'une douche qui ne fonctionne pas. Le seau m'ira très bien.

Tout comme les habitants de cette ville qui vivent au rythme ordonné du ramadan, je passe l'après-midi à l'intérieur. La journée, les étals et restaurants dans la rue sont fermés. J'en profite pour reposer mon dos qui souffre de douleurs de plus en plus sévères et pour préparer ma journée de demain. À 72 kilomètres plus au nord se trouve une maison d'hôtes, dans un petit village à 10 kilomètres de la ville côtière. Passer une nouvelle nuit chez l'habitant me ravit. Les hôtels comme celui d'hier et d'aujourd'hui sont les choix de derniers recours.

L'heure de la délivrance arrive en fin de journée, au moment de la rupture du jeûne. Les foules de fidèles déferlent dans les rues, à l'instant même où le soleil se couche. Le premier repas après une journée d'attente est un moment de convivialité passé en famille ou entre amis. Ce soir-là, un groupe d'une vingtaine d'adolescents occupe le restaurant où je dîne. Les filles sont d'un côté, elles sont voilées, habillées de grandes robes simples et unies. De l'autre côté se trouvent les garçons, ils sont apprêtés, les cheveux peignés, habillés de manière plus décontractée et dans des styles diversifiés selon les goûts de chacun. Des regards accompagnés de timides sourires s'échangent entre le sexe bridé et le sexe libre. Les discussions restent quant à elles en suspens. Il pèse dans la salle un goût d'amertume, entre envie de découverte et pression sociale.

9 avril : Koyilandy - Kudukkimotta 72 km. T : 598 km.

Après quatre jours sans repos, la fatigue s'accumule et les douleurs que j'ai dans le bas du dos s'intensifient. À froid, chaque mouvement est très douloureux. À cela s'ajoute ce matin une bonne crève. Mon corps implore du repos, mais il va falloir patienter. Cette ville est miteuse et m'arrêter à la moindre douleur pourrait m'habituer à baisser les bras à la moindre difficulté.

Je m'étire, je me passe du baume du tigre sur le dos, puis je m'enfile quelques amandes, trois bananes et du beurre de cacahuètes avant de me sentir prêt.

Sur 72 kilomètres, 62 kilomètres de route 66 m'attendent. Ce qui me motive aujourd'hui c'est de pouvoir augmenter mon seuil d'acceptation en faisant le choix de continuer en dehors de ma zone de confort et malgré la difficulté. Ce voyage et cette dixième journée reflètent le cheminement de la vie, se résumant à une succession d'expériences plus ou moins agréables. Je pense que l'être humain a la possibilité de vivre une vie riche et heureuse en apprenant à accepter les expériences vécues, bonnes ou mauvaises, et les moments de joie comme d'infortune. La journée qui se dresse devant moi est donc une nouvelle opportunité d'apprendre à rester calme et en paix avec moi-même lors d'une période désagréable.

Avec une telle motivation, les 40 premiers kilomètres jusqu'à la pause petit-déjeuner ne sont qu'une formalité. Les 32 kilomètres restants sont plus compliqués, l'heure avance, le soleil ne manque pas au rendez-vous et mes douleurs de dos deviennent de plus en plus sévères. J'avance en dirigeant toute mon attention sur ma respiration pour maintenir mon esprit calme.

C'est à 13 heures que je franchis, victorieux, la ligne d'arrivée. Une dame d'environ 60 ans m'accueille. Elle ne parle pas anglais, mais le langage du cœur est universel. Son sourire et sa douceur me saisissent, je suis comblé. À l'image de mon hôtesse, la chambre est accueillante. Les murs sont unis, ils ne sont ni fissurés, ni troués et le sol brille de propreté. Je m'y sens tout de suite comme à la maison. De la terrasse, j'observe un joli jardin fleuri. Les distractions sonores se limitent au chant des oiseaux. C'est évident, c'est ici que je devais m'arrêter.

Dans la chambre, le thermomètre indique 32 degrés. La climatisation allumée, je tombe de fatigue. La maîtresse de maison me réveille pour déjeuner avec un jus de mangue, du riz et des légumes au lait de coco. Je peux enfin relâcher la pression. Ce n'est pas une nuit que je vais séjourner ici, mais deux à minima.

Se balader dans le village est apaisant. Il n'y a aucun commerce, très peu d'habitations et beaucoup de nature. Les maisons sont très belles et bien entretenues. Certaines sont faites de manière traditionnelle avec de la terre et des briques rouges. Les autres, beaucoup plus récentes, sont faites de ciment.

Les gens m'observent. L'endroit n'est pas touristique, certains n'ont encore certainement jamais vu de personne blanche de leur vie. Un bruit de machine m'interpelle. A l'intérieur du bâtiment bruyant il y a du coton, partout et sous toutes ses formes. Le patron et l'employé tentent de m'expliquer le fonctionnement des machines dans leur langage que je ne comprends pas. L'application de traduction rend l'échange possible. Dans cette petite usine familiale, ils fabriquent du textile en tout genre (draps, nappes, taies d'oreillers, protections pour sofa, etc.) à partir d'un coton qui pousse localement. Ils revendent ensuite leur production à une coopérative qui l'exporte dans le monde entier. Ils produisent à leur rythme, avec de vieilles machines qui sollicitent encore la main de l'homme. C'est une petite entreprise qui ne s'est pas encore fait engloutir par les géants industriels, dont la rareté et l'authenticité me donnent des étoiles dans les yeux.

10 avril : Repos à Kudukimmotta, km 598.

La dernière fois que j'ai fait du vélo remonte à septembre dernier lorsque, sans préparation physique, j'ai pédalé sur 2 800 kilomètres en quarante-deux jours pour rejoindre Copenhague au départ de Toulouse. Au dixième jour, lors de la traversée des montagnes entre Annecy et la Suisse, le dénivelé et la chaleur m'avaient envoyé au tapis avec une insolation. Je vomissais mes tripes alors même que je pédalais. Par chance, une amie de longue date habitait dans le coin, alors j'ai pu me reposer. J'ai dormi pendant dix-huit heures avant d'être à peu près remis sur pied.

Pour ce voyage en Inde j'ai à nouveau omis la préparation physique, curieux de savoir, encore une fois, comment mon corps et ma tête allaient réagir. Rebelote, au bout de dix jours je suis envoyé au tapis. Cette fois-ci, c'est mon dos qui est bloqué et cela va certainement m'immobiliser pendant quelques jours.

J'écris au fils de mon hôtesse, Jason, qui parle Anglais. Je lui fais part de mon état de santé tout en lui demandant de prolonger mon séjour. Il prend les choses en mains et appelle un chauffeur de *tuk-tuk* qui m'amène chez le médecin.

Nous roulons à toute allure dans les ruelles du village en direction du médecin ayurvédique de la ville voisine. Sur place, le chauffeur rentre avec moi dans la salle d'attente, m'invite à m'asseoir, me donne un ticket puis s'en va sans aucune explication.

Nous sommes sept personnes dans cette pièce délabrée. La peinture tombe, tout le monde est victime de la chaleur et de l'humidité, même les infrastructures en souffrent. Nous attendons patiemment notre tour, assis, dégoulinants de transpiration, tous serrés les uns contre les autres.

Dans les centres ayurvédiques que j'ai vus sur internet et comme je me les suis imaginés, il y a des grands jardins, des fontaines à eau, des statues du bouddha, des grenouilles dans les marres et des oiseaux qui chantent pour apaiser l'atmosphère générale. Le parc est grand, la pelouse et les arbres taillés au millimètre, les chemins prédéfinis, bien organisés pour suivre un parcours de santé. L'accueil est fait par de jolies filles, elles nous accueillent d'une voix douce et d'un grand sourire. Elles nous font découvrir les lieux et prennent le temps de nous écouter. La salle de massage est spacieuse, elle sent les huiles essentielles au citron, la table de massage et la serviette sont d'un blanc éclatant, les plantes exotiques rendent la pièce vivante. Dans ces centres, le soin coûte un SMIC.

Ma réalité est en tous points différente. Ici, il n'y a personne pour me recevoir, la salle de soins est sombre, le sol et le plafond marron et tout y est désorganisé. Les préparations sont disposées dans des bouteilles qui traînent un peu partout, le bureau et la chaise de consultation sont en plastique. Tout est dans le fond, rien dans la forme. Le médecin prend quelques secondes pour écouter mon problème, puis m'invite à rester debout et à me pencher en mettant les deux mains sur la table. Il m'applique ensuite une huile brûlante sur le dos avec un tampon de riz[9]. L'expérience n'est en rien agréable. Lorsqu'il ne me brûle pas avec l'huile, il me fait souffrir le martyre en appuyant fortement sur le nœud qui me bloque. Après quelques minutes de torture, il m'applique de la terre, y pose du coton, puis ceinture le tout avec un bandage. « *Have a good rest. Keep this bandage and come back tomorrow at the same time. Day after tomorrow you will be fine and you will be able to leave again*[10] ». Ses paroles sont prometteuses. En moins de dix minutes, je suis déjà dehors. Le soin me coûte 3 euros.

À mon retour, un message de Jason s'affiche sur mon écran. Il m'invite à séjourner dans la maison familiale aussi longtemps que nécessaire. Sa mère s'occupera de me nourrir matin, midi et soir, le temps que je me remette sur pied.

Émotionnellement, je me sens bien et apaisé. Je passe la journée à lire, à écrire et à savourer la nourriture et les jus de fruits de la maîtresse de maison. Je profite du temps que j'ai pour faire le point sur la levée de fond que j'ai mise en place en parallèle à ce projet. Connaissant déjà une partie du pays, il m'est arrivé de me sentir impuissant face à la misère qu'il abrite et ayant déjà reçu beaucoup d'amour et de gentillesse de ce peuple, utiliser les réseaux sociaux pour récolter des fonds me semble être une bonne idée. Le bilan actuel est prometteur, il me motive à faire face aux complications et à continuer ma traversée. En onze jours, 490 euros sont récoltés sur les 2 000 attendus. Cette somme sera reversée à l'association Karuna Shechen à la fin de l'aventure, le 28 juin. C'est une association créée par le moine bouddhiste français

---

[9] Un torchon rempli de riz, de plantes et d'herbes aromatiques, imbibé d'huile, préalablement chauffé.

[10] Repose-toi bien. Garde ce bandage et reviens demain à la même heure. Après-demain tu seras en meilleur état et tu pourras repartir.

Matthieu Ricard, qui œuvre pour l'éducation, l'accès au soins et l'alimentation des plus démunis.

Dans la maison, des personnes vont et viennent tout au long de la journée, à tel point que je ne sais plus distinguer les personnes qui habitent là de celles qui sont de passage. C'est ainsi que l'on vit à la campagne, les gens du village se rendent visite et passent de longs moments à discuter autour d'un thé. Malheureusement, personne ne parle anglais.

Ce n'est qu'en fin de journée, sorti pour découvrir le village, que j'ai la chance de rencontrer Vivek. Il vit ici depuis toujours et travaille avec son père et son oncle dans l'entreprise de textile créée par son grand-père en 1988. C'est un gros bâtiment fait de béton, le plus gros bâtiment du village. L'intérieur est brut, des cartons de vêtements sont entassés de part et d'autre. Des rouleaux de coton, des sacs poubelles remplis de chutes, des vêtements emballés ainsi que de nombreuses machines à coudre obstruent le passage. La seule source d'air provient de quelques ventilateurs, alors la chaleur est infecte. Je vois à ce moment la scène de l'usine de textile dans le film « La vérité si je mens », mais en vrai. Au début ils n'étaient que deux, le grand-père et un salarié. Aujourd'hui, c'est avec l'aide de quarante personnes qu'ils confectionnent chaque jour deux cent cinquante pièces de textile brodées avec l'enseigne de la marque et revendues ensuite dans tout l'État du Kerala.

Après une visite des locaux et une discussion amicale, Vivek me propose de revenir le lendemain. Si je suis d'accord, je pourrais servir de mannequin pour sa marque. L'idée de passer du temps avec des gens du village tout en leur rendant service me plaît ; j'accepte volontiers.

Aujourd'hui, c'est jour de fête pour les hindous. Des centaines de personnes se réunissent pour participer aux festivités au son des tambours qui font trembler le village depuis la veille à la nuit tombée. À mon arrivée, deux enfants de 11 et 13 ans m'accueillent et me prennent par la main pour me montrer les lieux. L'ambiance est festive et joviale. Une dizaine de musiciens mènent la cérémonie, pendant qu'au moins deux cents dévots les observent. Une vingtaine de bénévoles préparent le repas destiné à remplir l'estomac de tous les visiteurs. La cuisine se fait au sol, à même la terre, dans d'énormes marmites et sous une gigantesque bâche installée sur une armature de bambou. Chaque équipe est à son poste, une prépare le riz, une autre le *dalh*[11], puis les légumes et enfin les *chapatis*[12]. Une autre équipe sert le buffet et la dernière s'occupe de tout nettoyer. Le tout est financé par des donations, à hauteur des bourses de chacun.

D'après les deux enfants, un éléphant vit à quelques pas d'ici. Nous quittons le temple et nous traversons une partie de la jungle dans l'obscurité totale. Au loin, j'aperçois une forme suspecte. Nous continuons à avancer, jusqu'à tomber face à face avec le symbole de la sagesse de l'Orient. La pauvre bête est enchaînée. À ses côtés se trouve son dresseur. Il le nourrit, en prend soin et ils paradent ensemble lors des grandes cérémonies religieuses hindouistes. Pour environ 1 000 euros, de riches indiens paient le temple pour s'offrir une journée de show lors de festivités privées. Sacrifiant vie de famille et tout confort, le dresseur ne le quitte jamais. Même la nuit il dort à ses côtés sur un tapis de paille, à même le sol. Ce qui m'étonne le plus, c'est l'amour que cet homme de 23 ans semble porter à cet animal. Je n'arrive pas à conscientiser le fait que l'on puisse profondément aimer un être vivant tout en voulant le garder en captivité. Ce que je sais en revanche, c'est que la compréhension du monde oriental avec un raisonnement

---

[11] Incontournable de la cuisine indienne, plat végétarien à base de légumineuses.

[12] Une fine galette de blé cuite sur une poêle en fonte.

occidental est souvent incompatible. Je laisse alors la question en suspens.

La visite du temple continue et notre groupe prend de l'ampleur. À la fin, une quinzaine d'enfants m'accompagnent. Un bon nombre d'entre eux sont passionnés par le foot et sont fiers de me citer une longue liste de footballeurs, que je ne connais pas pour la plupart. La soirée est agréable, l'expérience enrichissante. Mon cœur déborde d'amour, mon corps manque de repos, je rentre me reposer.

11 avril : Repos à Kudukimmotta, km 598.

Le réveil est plus doux que la veille. Je me sens toujours fébrile, mais déjà beaucoup plus léger.

Le même chauffeur me récupère et nous traversons les rues du village à la même allure qu'hier. Pourquoi y a-t-il tant de conducteurs de *rickshaws* qui se prennent pour des pilotes de course ? On croirait que le temps leur est compté alors qu'ils passent la journée cachés sous l'ombre des arbres à attendre des clients.

Mon assaillant me reçoit et comme hier il me malmène, me brûle et m'inflige le coup de grâce en massant violemment le point le plus douloureux de mon dos. Il m'applique de la terre, me refait le bandage et me donne une bouteille d'huile à appliquer matin et soir. Il me le répète : dès demain, je serai en condition pour repartir. S'il est aussi efficace que violent, alors demain je serai plus en forme que jamais.

L'un des nombreux *rickshaws* stationnés sous les arbres m'amène à l'usine de textile de Vivek. Avant de prendre quelques photos, Vivek tient à me faire découvrir Cannanore, la ville qui l'a vu grandir, à quelques kilomètres du village et de l'usine. Après la visite du port Saint Angelo, lieu emblématique colonisé à plusieurs reprises par différents pays européens, nous nous rendons sur une digue. C'est ici qu'il venait avec ses amis du lycée pour boire des bières et fumer des cigarettes en cachette, jusqu'à son départ à Mangalore pour les études supérieures.

En toute simplicité, nous abordons des sujets tabous comme le régime politique, le poids des traditions, la religion. Nous parlons aussi de sujets plus personnels, souvent gardés secrets dans ce pays où les sentiments et les émotions sont souvent gardés pour soi, comme les relations amoureuses et familiales. En toute sincérité, sans peur du jugement et sans même nous connaître, nous échangeons à cœur ouvert. Il n'hésite pas à pointer du doigt la religion et la pression sociale qu'elle crée. Hindou de naissance, il prétend être croyant pour éviter les injustices lorsqu'il est avec sa communauté. À l'école de son fils, il alimente son mensonge en prétendant que ses enfants le sont aussi pour éviter qu'ils soient mis à l'écart. Il est conscient des aspects positifs de la vie dans un petit village comme le sien, où la proximité entraîne l'entraide. Mais il reconnaît les inconvénients, comme la peur du jugement, qui le pousse à vivre avec plusieurs masques.

Vivek et moi avons tous les deux 27 ans. Ce qui nous lie encore plus, c'est qu'à un moment de notre vie nous avons quitté l'environnement dans lequel nous avons grandi. Il est parti étudier en ville, je suis parti à l'étranger. Nous avons rencontré de nouvelles personnes avec des croyances, des modes de vies, des rêves et des attentes différentes.

C'est ce qui nous a permis de prendre conscience de l'impact du conditionnement et de développer un autre regard sur le monde. L'école, le cercle familial, le système politique, religieux et culturel ont fait de nous, en grande partie, ce que nous sommes. Jusqu'au moment où, par chance, nous avons pu sortir de cet environnement et réaliser que nous avions la possibilité de devenir la personne que nous souhaitions être. Nous avons alors pris le contrôle de notre vie en développant un esprit critique et en remettant en question chaque élément de notre éducation pour garder seulement ce qui nous semblait juste.

Revenir chez soi après plusieurs mois et vivre avec des gens qui ont un mode de vie différent n'est pas une mince affaire. Avec le temps, nous changeons. J'ai changé. Petit à petit, j'ai revu mes croyances pour d'autres qui sont plus en accord avec moi-même. J'ai modifié mon alimentation. J'ai arrêté de « profiter de la vie » en la détruisant le week-end à coup de cul sec et de cigarettes, parce que, même le samedi soir, ce n'est plus « OK ». J'ai même remplacé ces heures de commérage entre amis ou en famille, par des heures de méditation afin de trouver qui je suis. En rompant la chaîne du conditionnement et en devenant la personne que je souhaite être, plus à l'écoute de moi-même et de mes semblables, les gens qui n'ont pas changé m'ont mis de côté. C'est un mélange entre un sentiment d'abandon, pour ne plus être ce pourquoi ils m'aimaient, et le goût de la liberté. Au milieu de cela, je me sens parfois seul, mais le plus souvent je me sens profondément vivant, alimenté par une puissante énergie qui me donne la force d'avancer à contre-courant.

Vivek est attentionné et souhaite me faire plaisir. Ce n'est qu'après un copieux repas et un café à l'italienne que nous partons récupérer les vêtements du shooting. En face de son magasin, il pointe du doigt une affiche publicitaire grande d'environ trois mètres sur deux et m'explique qu'une photo du shooting y sera affichée. Je prends ça comme une blague.

Je suis étonné de ne pas prendre la direction de l'usine de fabrication pour y prendre ces fameuses photos avec le téléphone portable de

Vivek. A la place, je me retrouve dans un studio professionnel où deux photographes m'attendent. L'affaire est plus sérieuse que je ne l'imaginais. J'explique à Vivek ma surprise et lui avoue que je ne pense pas être la bonne personne pour ce boulot. Je comprends rapidement que l'influence des « Terres de l'Ouest » n'a pas de limite. L'Occident contrôle la mode et l'Orient suit la marche de loin. Le simple fait d'être blanc me suffit donc pour offrir un avantage concurrentiel à n'importe quelle marque dont je porterai les vêtements. C'est ce que Vivek tente de m'expliquer, avec ses mots, pendant qu'il prépare ma première tenue.

Mon manque de professionnalisme ne le dérange pas. Chacun à son poste, le shooting débute. Un homme prend les photos, un autre me suggère des poses et Vivek observe la scène. Je dois incarner le rôle d'un bel homme qui joue de son charme en mettant son torse en avant et cela me dérange. Surjouer des sourires, prétendre être calme, plisser les yeux pour avoir l'air charmeur, croiser les bras et bomber le torse pour représenter l'image du bonhomme. Quel triste métier. Soucieux de lui faire plaisir, je fais du mieux que je peux. Je focalise mon attention sur ma respiration pour rester concentré et j'exécute le moindre geste que l'on me propose.

L'air manque, le pantalon et la chemise longue me tiennent chaud. Des gouttes de sueur glissent le long de mon corps. L'heure passe, l'inconfort prend le dessus et je commence à perdre patience. Vivek réalise que la situation m'importune. Nous prenons une pause. Le mannequin est l'élément phare du projet, il faut en prendre soin. Je le sens profondément désolé du temps que prend ce shooting, tout comme je comprends qu'il représente pour lui une énorme opportunité. Les photos que nous prenons aujourd'hui seront affichées dans plus de 300 boutiques à travers le Kerala et sur de nombreux panneaux publicitaires. L'histoire de la pancarte en face de son magasin, ce n'était pas une blague. Réalisant tout ceci, je me remets à fond dans le jeu pour quatre-vingt-dix nouvelles minutes. C'est ainsi que le hasard des choses transforme un voyageur à vélo d'1 m 72 avec une dentition semblable à un champ de bataille, en égérie d'une marque de vêtement.

Une fois le shooting terminé, nous passons la soirée ensemble. Vivek pense que dans les pays de l'Ouest l'humanité s'améliore. Pour lui, la religion prend très peu de place dans nos vies, alors qu'en Inde les gens y sont attachés et exposent leurs croyances ouvertement. C'est un manque de laïcité qui crée des barrières entre les humains et les divise. La religion n'est pas une mauvaise chose en soi, mais pour être bénéfique à l'humanité elle devrait rester personnelle me dit-il. Mon pauvre ami n'a jamais vu de ses yeux les dérives du consumérisme, plus contagieux que la peste, aliénant toute forme d'humanité dans notre monde blanc.

12 avril : Kudukimmotta - Kanhangad 70 km. T : 668 km.

Vivek me propose de partir pendant deux jours au parc national de Bandipur. Son invitation est alléchante, mais le principe même de l'itinérance c'est de savoir lâcher prise sur ce que nous avons et apprendre à faire confiance à l'inconnu pour continuer à aller de l'avant. Il me reste 3 000 kilomètres et j'ai conscience que cela représente tout autant de possibilités de nouvelles rencontres et belles histoires à découvrir. Je décline la proposition. C'est reparti pour un tour.

L'énergie chargée à bloc, le dos dénoué et le cœur débordant d'amour, je dévore les 70 kilomètres de route 66. Un élan de puissance me téléporte à l'étape du jour d'une seule traite. A 11 heures du matin, je suis déjà dans ma chambre d'hôtes, plus humanisante que l'hôtel, mais à ma plus grande peine sans contact direct avec les propriétaires.

Dans cette ville, ce n'est pas la foi religieuse que les locaux mettent en avant, mais plutôt l'opinion politique. Le Kerala est dirigé par le Parti communiste et certains partisans en sont fiers. La tête du « Che », le marteau et la faucille, symboles du Parti, sont représentés dans plusieurs lieux privés et publics de la ville. La ville brille sous le rouge et le blanc, tout autant que Naples est recouverte de bleu et blanc par amour inconditionnel pour son équipe de foot.

13 avril : Kanhangad – Mangalore 77 km. T : 745 km.

Les 77 kilomètres sur la route 66 annoncent une journée pénible. Aux premiers rayons de soleil, je suis déjà sur ma selle. Je m'engage au front, sur ce champ de bataille où l'on se défend à coup de klaxon, dont la puissance est proportionnelle à la taille du véhicule. Les moins équipés se défendent à coup de signes des bras. Les camions mènent la bataille avec une seule et unique technique d'attaque : l'assourdissement par klaxon, puis l'aveuglement par nuage de fumée avant le coup de grâce final, la traditionnelle queue de poisson.

Une grande partie de la route est en chantier. L'Inde a des envies de croissance démesurées et le gouvernement est prêt à tout pour satisfaire ses rêves les plus fous. L'un d'entre eux est de faire de cette route 66 une deux fois deux voies sur les 1 608 kilomètres qui séparent Kanyakumari de Mumbai. C'est un projet ambitieux aux nombreuses facettes déplorables. Lorsque la place manque, les logements en bord de route sont littéralement ouverts en deux pour faire de la place à la route qui s'élargit ; un décor archaïque qui donne l'impression que la ville s'est fait bombarder. Les bâtiments restent habités pour la plupart. Les autres victimes sont les travailleurs, ceux qui sont employés pour mener à bien le chantier. Ils travaillent toute la journée, en plein soleil et sans aucun matériel de protection. Ce n'est que la nuit qu'ils se reposent, entassés dans des cabanes de fortune construites avec des morceaux de tôles au bord du chantier. Pendant des mois, leur vie se résume à trois mots : travailler, manger, dormir. Observer une telle misère me coupe l'envie de me plaindre et me donne l'injuste motivation de continuer à pédaler en acceptant les difficultés que je rencontre.

A 11 h 20, ma journée touche à sa fin. Après quinze jours passés en Inde, j'ai enfin l'impression que mon corps commence à s'habituer au climat. Il me reste un peu d'énergie et pour la première fois, je ne suis victime d'aucune migraine.

Je pense être accueilli par le propriétaire et avoir l'occasion de rencontrer des locaux, mais cette maison n'est qu'un investissement immobilier utilisé comme gîte. Deux jeunes me montrent ma chambre et s'en vont. Je me retrouve seul dans cette énorme maison. Elle est presque vide, il n'y a qu'un canapé et une table dans le salon, puis un lit par chambre. L'ambiance est glauque, mais étant seul et protégé par la croix du Christ accrochée dans chacune des six chambres, je ne risque pas d'être dérangé.

Le calme d'un coffee-shop de la ville me retient le reste de la journée. Le café servi pousse localement, il est excellent, tout comme la nourriture. L'air est frais. Je m'y sens bien. Les heures défilent aussi vite que l'encre se pose sur mon cahier de notes.

14 avril : Mangalore – Udupi 51 km. T : 796 km.

Une nuit horrible de plus au compteur, moite et fatigante. Aujourd'hui, je n'ai que 51 kilomètres à parcourir avant d'arriver chez Ganesh, un voyageur à vélo rencontré sur Facebook qui m'a promis un logement paradisiaque en bord de rivière. Son prénom est une référence directe à la divinité hindoue.

Je suis à présent dans l'État du Karnataka, dont Bangalore est la capitale. La sortie du Kerala signe l'entrée dans une nouvelle partie de l'Inde beaucoup moins peuplée et plus sauvage. Le réseau routier sur les 270 kilomètres qui traversent l'État est moins développé et les alternatives à la route 66 sont plus rares. De sérieux doutes émergent.

J'ai deux heures et demie pour arriver chez Ganesh avant qu'il parte à l'université où il enseigne. Ce matin le ciel est gris, non pas à cause des nuages, mais de la pollution. Une forte concentration d'industries à la sortie de la ville contamine l'environnement et rend l'air irrespirable. Lorsque le ciel est bleu, les manches longues et ma casquette me protègent du soleil, lorsque qu'il est gris, c'est un masque qui me protège de cet air impur.

Cette heure matinale est aussi celle de la sortie quotidienne à vélo de Venu, un journaliste local qui travaille pour le journal régional. Mon aventure l'intrigue et il m'assomme de questions. À midi, le journal affiche déjà « En quête d'illumination, un cycliste Français voyage en solo à travers l'Inde ». Venu fait partie des journalistes qui, préférant le profit à la vérité, jouent avec les mots pour capter l'attention du lecteur. Il a fallu que j'aborde à peine le thème de la méditation pour qu'il trouve plus vendeur de dire que je voyage pour devenir un être illuminé.[13]

Je quitte l'axe principal après 52 kilomètres de ligne droite et une course-poursuite avec un chien enragé.

---

[13] La quête de l'illumination est très respectée en Inde. Entrer en introspection afin d'éradiquer toute forme de souffrance et développer les qualités humaines telles que l'amour et la compassion est un chemin emprunté par des millions de personnes en Inde.

La maisonnette jaune de Ganesh se trouve au milieu de la jungle au bord du fleuve. Il n'y a pas de voisin. Le silence règne, l'ombre des palmiers rend l'air agréable et les fleurs rouges d'hibiscus colorent le paysage. Cerise sur le gâteau, un hamac est attaché à deux palmiers, me laissant jouir du plaisir de ne rien faire en plein milieu de la nature.

Les Indiens ont une bluffante faculté à mettre à l'aise leur convive. Je suis chez des inconnus et j'ai le sentiment de me sentir chez moi. Ganesh part au travail, tandis que je passe la matinée avec sa copine et son amie Isha. Enfin, après deux semaines, c'est la première fois que je partage un moment avec des filles. Depuis 800 kilomètres, à l'exception de la ville de Cochin, les hommes travaillent pendant que les femmes restent à la maison, quelle que soit leur religion.

L'heure du repas approche et les filles sont hésitantes à l'idée de sortir. Échapper aux rayons du soleil est une obsession que nous avons en commun. Tous les trois adeptes de la transe gustative, nous décidons finalement d'unir nos forces pour nous rendre dans un restaurant de la ville réputé pour ces merveilleux *thalis*[14]. Ce sont les meilleurs de la ville, aussi délicieux que garnis. Du riz, deux *dalhs*, deux currys de légumes, deux variations de *paneer*[15] (un avec des épinards, l'autre avec des poivrons), des *chapatis*, du *curd*, un *gulab jamun*[16], une boule de glace et le tout à volonté. Lorsque je suis protégé du soleil, c'est la gourmandise qui m'attaque.

---

[14] Assortiment de mets en Inde et Népal, variant d'une région à une autre. Normalement équilibré, sain, copieux et populaire.

[15] Fromage blanc avec une texture ferme fabriqué à base de lait de bufflone ou de vache (l'équivalent du tofu en France)

[16] Des boules à base de lait en poudre, de farine et de beurre frites à l'huile, baignant dans un sirop au sucre et à la cardamome.

Nous visitons ensuite le temple de la ville. Les étals sont fermés et les rues sont vides. L'air brûlant nous impose de rentrer à la maison pour une trêve. Il faudra plusieurs heures avant de reprendre toute activité et profiter d'un semblant d'air frais supérieur à 28 degrés.

Isha s'est fait mordre au mollet par l'un des 40 millions de chiens errants du pays. Nous partons récupérer un vaccin contre la rage avant de rejoindre Ganesh au restaurant.

Les échanges sont riches et intéressants. Seul, Ganesh a traversé le pays à vélo pendant deux ans. C'est un voyage profondément introspectif qui lui a permis de se connaître et de déterminer ses attentes envers la vie. Il partage aujourd'hui ses enseignements à travers des conférences, des livres et des voyages organisés.

15 avril : Repos à Udupi, km 796.

Je me réveille en douceur, dans un agréable silence. Les pêcheurs sont en action depuis les premières lueurs du jour. Je les observe, un à un, se déplaçant sur l'eau, doucement, à l'aide de leur perche en bois, dans un silence absolu. Nos regards se croisent et des sourires s'échangent. Avec les jumelles de Ganesh, je contemple longuement les oiseaux en plein vol. Observer la nature et sonder ses habitants m'offre un sentiment d'apaisement.

Le voyage à vélo n'a plus aucun secret pour Ganesh. C'est pour moi l'occasion d'éclaircir certaines de mes interrogations, en particulier au regard des quelques kilos de bagages qui me rendent autonome pour camper et m'isoler, mais dont je ne me suis pas servi à cause de cette intraitable chaleur. Ganesh est formel, le moindre kilo sous une telle température devient un vrai fardeau. La tente, le matelas, la casserole, le réchaud à gaz, les couverts et les assiettes doivent être mis de côté. La veste, le pull et le legging qui servent à me protéger d'un froid inexistant n'ont pas non plus leur place. J'écoute attentivement mon guide et réalise les moindres changements qu'il me conseille. Finalement, ce n'est pas loin de six kilos et demi, soit la moitié de mon équipement, que je porte pour rien depuis des centaines de kilomètres. J'envoie le tout par la poste à New Delhi, chez mon ami Shiv, un Indien rencontré lors de mon tout premier voyage en Inde.

Cet allégement fait du vide dans ma tête. C'est une belle leçon sur le minimalisme, qui me montre à quel point je peux m'obstiner à garder plein de choses inutiles sans prendre conscience de leur caractère nuisible. Cet inventaire nous devrions le faire dans nos sacs à dos quand nous partons en voyage, mais aussi dans nos maisons et dans nos têtes.

Voici l'inventaire de ce qu'il me reste :

La sacoche de gauche contient la salle de bains et la penderie. Il n'y a rien de plus qu'une serviette, une brosse à dent, le dentifrice, un rasoir pour l'entretien du cycliste, un T-shirt à manches longues, un à manches courtes, une cuissarde pour le vélo, un short pour le soir, deux caleçons et deux paires de chaussettes. Le garage, dans la sacoche droite, est aussi réduit que la salle de bains : rustine, pompe, clés Allen, huile pour la chaîne et une clé plate. Ni plus, ni moins. Pourquoi traîner des outils lorsqu'on ne sait pas s'en servir ? Cette sacoche contient aussi la pharmacie avec une couverture de survie, des Dolipranes, des cachets contre la diarrhée, un bandage et du désinfectant. J'ai laissé le reste de cette trousse dans un hôpital à Kanyakumari, où il en sera fait meilleur usage. Toujours à droite se serrent un livre, mon carnet de note et les accessoires de ma caméra. Pour ma part, je porte les lunettes de soleil, la casquette, la gourde filtrante et le casque qui ne me quittent jamais lorsque je suis en selle.

Je n'ai jamais compris pourquoi, mais je constate à chaque fois que le simple fait de mettre en pause son activité pour fixer le soleil couchant et observer chacun de ses mouvements a quelque chose d'apaisant. Contempler le soleil jusqu'à ce qu'il disparaisse au loin, dans cet endroit qui semble être inexistant, ralentit le flux des pensées. Ce soir, assis dans un kayak au milieu de l'eau et sans nuisance sonore, l'expérience transcende la joie.

Dans le pays des extrêmes, où la beauté côtoie l'immonde, celui qui pense se trouver au paradis doit accepter que l'enfer ne soit jamais loin. Sur le retour de notre virée, les morceaux de plastique affluent sur le fleuve. J'en ramasse un, puis deux, mais à quoi bon ? Dans ce village les services de ramassage des ordures n'existent pas. Les locaux jettent absolument tout à l'eau et ceux qui vivent éloignés de la rivière utilisent le feu pour effacer les traces de leur consommation.

16 avril : Udupi – Bhatkal 101 km. T: 897 km.

Les premiers kilomètres de la balade sont délicieux. Je roule en compagnie de Ganesh, allégé de ces six kilos et demi et dans un climat encore tolérable.

Depuis la sortie du Kerala, les temples hindous sont partout. Seules quelques mosquées et églises résistent. La région est moins peuplée et la route moins empruntée, alors les véhicules roulent deux fois plus vite. La voie d'arrêt d'urgence devient pour moi et pour les vaches qui s'y baladent, notre périmètre de survie. Les religieux hindous respectent la vache, plus qu'ils ne se respectent eux-mêmes. Elle quémande de la nourriture dans un restaurant, un repas lui est offert. Un homme quémande, des hurlements lui sont servis. Pour les musulmans, chrétiens et dévots, la vache n'est pas Dieu, elle est un repas. La loi interdit de tuer l'animal sacré, mais pour beaucoup d'entre eux la faim l'emporte. Le Kerala étant fortement peuplé de musulmans et chrétiens, les vaches égarées disparaissent la nuit venue. Dans le Karnataka, État à prééminence hindoue, les vaches sont épargnées.

Après sept heures trente de vélo et une pause déjeuner, les 90 kilomètres sont pliés. D'après Ganesh, « Bhatkal est une ville islamique aux penchants extrémistes qui a vu naître de nombreux terroristes du pays ». Les femmes dissimulent la beauté de leurs traits fins derrière un *niqab*, les hommes, quant à eux, ne s'empêchent pas de montrer leur laideur, avec leurs longues barbes et chevelures rendues oranges par les teintures au *henné*[17]. L'ambiance n'est pas joviale, mais la curiosité prend le dessus. De quoi devrais-je avoir peur après dix-sept jours sur ces routes si dangereuses ? Si la mort devait me prendre, le *mektoub*[18] s'en serait déjà occupé.

Le réceptionniste de l'hôtel m'accueille somnolent. L'état de propreté du hall d'entrée trahit sa fainéantise. En plein mois de ramadan, il préfère passer l'après-midi à dormir plutôt que de nettoyer cet hôtel miteux. La première chambre est à l'image de la réception, sale et peu chaleureuse. Je décide de m'en aller, mais il me retient. Pour le même prix, il m'offre la chambre la plus grande, mais celle-ci est encore plus sale que la précédente. Étant le seul hôtel de cette ville immonde, après deux jus de sucre de canne, me voilà reparti pour 10 kilomètres supplémentaires.

En fin de journée, après avoir déposé mes affaires dans un lieu plus convenable, je demande la direction de la plage à un homme qui décide de m'y amener à l'arrière de sa moto. Sur place, la scène est surréaliste et impensable. La plage est noire de monde et de véhicules. Piétons,

---

[17] Colorant d'origine végétale, très utilisé dans les cérémonies musulmanes.
[18] Le destin en arabe.

voitures, fourgonnettes et même des bus se partagent l'étendue de sable, chacun cherchant à être au plus près de l'eau. Tout le monde se jette à l'eau encore habillé, mais ne sachant pas nager, personne n'ose se mouiller plus haut que le torse.

Un grand temple hindou borde la plage. Des milliers de touristes indiens se rencontrent ici pour voir de leurs yeux la deuxième plus grande statue de *Shiva*[19] au monde, s'élevant à 37 mètres de hauteur, mais aussi le *gopuram*, cet édifice en forme de tour qui représente l'entrée d'un temple hindou, plus impressionnant encore du haut de ses 75 mètres.

17 avril : Murdeshwar - Gokarna 68 km. T : 965 km.

La route 66 ne me quitte plus depuis quatre jours, elle m'est à présent indigeste. Je la dégueule tout au long de la matinée. Lorsque je pédale, je cherche la moindre chose positive à laquelle me raccrocher, sans ne jamais rien trouver. Mes pensées négatives m'accablent et m'envahissent, à tel point que je ne trouve plus aucun sens à ce que je suis en train de faire.

L'arrivée à Gokarna me déleste d'un poids. C'est une petite ville touristique qui se trouve en bord de plage. À l'auberge, les quelques touristes indiens apportent une atmosphère détendue et agréablement festive à cet endroit. Il n'y a cependant aucun autre voyageur.

Comme d'habitude je suis le seul Européen, alors j'attire l'attention. Mon projet impressionne. Il n'y a que les chiffres qui les intéressent, les 1 000 kilomètres à vélo, les 40 degrés quotidiens, comme si ce projet

---

[19] Dieu de la destruction de l'illusion et de l'ignorance.

était quelque chose de génial. Ce qu'ils ne savent pas, c'est que je me sens très mal depuis ce matin, que ce projet qu'ils trouvent grandiose n'a plus de sens à mes yeux. Pourquoi ? Je ne sais pas. Je me sens juste oppressé par cette envie de tout abandonner.

Le bilan de ces dix-huit jours me dépite. Seulement 965 kilomètres parcourus, pour tant d'efforts donnés. Chaque jour est un challenge démesuré. Si intense et fatiguant que depuis dix-huit jours mon corps n'est même pas capable de digérer correctement ce que je mange. Dix-huit jours que je me réveille en commençant ma journée par des aller-retours incessants aux toilettes qui me tordent de douleur, que mes cernes se creusent, que ma peau brûle et que mon corps s'affine. Les moments joyeux et paisibles sont aussi nombreux, mais à quel prix ? Le jeu en vaut-il la chandelle ? Suis-je en train de rendre la destination plus importante que le chemin lui-même ? Au rythme auquel j'avance, dans l'éventualité où je ne me fais pas faucher sur la route ou que le soleil ne soit pas assez fort pour me faire plier, c'est encore cinquante-six jours de lutte qui m'attendent avant d'arriver à la destination finale. C'est triste et rempli de doutes concernant ma capacité à mener à bien ce projet que je pars me coucher.

18 avril : Repos à Gokarna, km 965.

Lorsque nous sommes dirigés par la peur, la colère, la fatigue ou le doute, notre manière de raisonner devient irrationnelle. Prendre une décision dans cet état physique ou psychique nous induit en erreur. Ne pas réagir, accepter la période de souffrance et s'offrir du temps pour retrouver l'équilibre est alors primordial.

La tristesse et les doutes qui m'accompagnent au réveil me suggèrent de prendre cette journée de repos. Les phases de questionnements font partie de la vie et sont importantes à mes yeux car elles donnent, à ceux qui cherchent des réponses, la possibilité de grandir et d'évoluer. Elles sont, en revanche, à long terme, la source d'une profonde souffrance lorsque l'on préfère les mettre de côté par peur d'y faire face.

Je commence alors ma journée par une longue séance de méditation, pour me détacher de ces pensées qui m'envahissent et pour observer clairement l'état dans lequel je me trouve. La feuille et le stylo sont ensuite utilisés comme exutoire des pensées parasites et permettent de réorganiser celles qui sont plus censées. Je peux ainsi avoir une vision globale d'où j'en suis, ce qui m'aide à déterminer si ce que je fais est toujours en accord avec les trois piliers principaux de ce voyage. Voici ce qu'il en ressort :

- Un challenge sportif : raccourcir le trajet par manque de temps est une éventualité qui n'enlève en rien l'aspect sportif de ce voyage. S'adapter n'est pas abandonner. Être fixe sur l'objectif, mais flexible sur le plan est important.

- La spiritualité : L'effort quotidien me pousse chaque jour en mode survie et m'empêche de grandir spirituellement. Je prendrai le troisième et dernier mois pour aborder cet aspect.

- Solidaire : La cagnotte pour l'association avance correctement et s'élève à 605 euros à ce jour.

Une fois apaisé par la méditation et vidé de mes pensées déposées sur ces feuilles de papier, les graines sont plantées, elles n'ont plus qu'à germer. Je prends alors le reste de la journée pour me détendre et me laisser aller. Gokarna étant un endroit touristique réputé, certains voyageurs ne sont que de passage, tandis que d'autres ne repartent jamais. C'est le cas de Christophe, un Français qui s'est installé en bord de plage où il gère un restaurant. C'est l'occasion rêvée d'offrir un peu de répit à mon estomac sans arrêt malmené par des plats trop épicés.

Le soir, après une journée à jouir du plaisir de ne rien faire et de ne pas réfléchir, mes pensées s'éclaircissent. La raison de mon mal-être devient évidente. Par peur rationnelle de la chaleur, j'avais strictement organisé mes journées : se réveiller à 5 heures, se dépêcher pour partir avant 6 heures et maintenir la cadence pour arriver avant 12 heures, m'empêchant donc de profiter du paysage et de m'arrêter aux endroits qui m'interpellent. Pour ensuite faire une sieste, encaisser les nausées quotidiennes dues à la chaleur, profiter quelques heures puis s'empresser d'aller au lit avant 21 heures pour recommencer le lendemain. Toute cette organisation je l'avais mise en place pour éviter mon ennemie : la chaleur.

Après trois semaines, mon corps est maintenant à peu près habitué à ce climat. L'effort est toujours très intense, mais il est nettement moins destructeur. Les automatismes que j'avais consciemment mis en place pour me protéger, sont aujourd'hui les automatismes qui m'empêchent d'avancer. En prenant conscience de cela, je peux laisser tomber cette organisation et changer mes habitudes pour rester en accord avec mes besoins du moment.

À partir d'aujourd'hui je décide d'être plus flexible, de ne plus me dépêcher d'aller me coucher, de me lever, de ne pas m'arrêter, etc.

Je me sens capable de pédaler jusqu'à 15h sans problème. L'intensité sera toujours là, mais la flexibilité me donnera la motivation pour avancer. Voilà une expérience qui me montre une fois de plus à quel point faire une pause est toujours bénéfique. Ce qui était bon pour moi hier ne l'est plus forcément aujourd'hui.

Je comprends alors que lorsque le mode survie est actif pendant plusieurs jours, le corps et l'esprit mettent en place différents mécanismes d'auto-défense qui, pendant ce temps-là, permettent à l'être humain de rester en vie. Ces mêmes mécanismes d'autodéfense deviennent alors des mécanismes d'autodestruction si nous ne prenons pas du recul, une fois l'expérience passée, pour pouvoir réadapter notre corps, cœur et mental à vivre et non plus survivre.

Mais alors quels mécanismes d'autodéfense mettons nous en place ? Lors de la perte d'un être cher ? Lorsque nous sommes abusés physiquement ou mentalement ? Lors de la perte d'un travail et donc de la sécurité financière ? Ou lors de toute autre situation menaçante ?

Avons-nous conscience de tous les mécanismes qui se mettent en place ? Les avons-nous tous éradiqués lorsque ce fameux mode survie n'est plus adapté à la situation ? Si la réponse est négative alors cela nous fait souffrir.

Garder mon rythme actuel tout en prenant le temps de m'arrêter aux endroits qui me plaisent et qui m'élèvent comme chez Vivek, Kiran et Ganesh, m'empêcheront de réaliser la traversée du pays à vélo, sur 4 000 kilomètres, en deux mois. En revanche, je suis persuadé qu'écourter la distance finale me permettrait de profiter de ces rencontres qui sont tout aussi importantes pour moi dans ce voyage.

Je décide de raccourcir le voyage de 1 000 kilomètres en m'arrêtant à New Delhi. Cette décision me soulage. Ce projet garde alors du sens et si je dois le réadapter plus tard aux besoins du moment pour qu'il reste sportif, spirituel, solidaire et surtout en accord avec moi-même, alors je le ferai.

Les douleurs des jours passés sont de lointains souvenirs et me semblent ne jamais avoir existé. Quelle joie de retrouver la soif d'aventure, comme au premier jour.

Comme pour me remettre en confiance, la vie m'offre aujourd'hui une douce journée hors de l'agitation et de la dangerosité de la route 66. Cet axe que je déteste tant est pourtant synonyme de progrès aux yeux du monde par le gain de temps qu'il offre, représentant un avantage crucial dans la course du millénaire où l'humain est engagé à dépenser inlassablement ce qu'il parvient à gagner.

Je monte à bord d'une barque à l'aube pour traverser l'embouchure et continuer mon chemin à travers les villages. À l'ouest se trouve le bleu de la mer, au nord le vert de la forêt tropicale et à l'est le fleuve qui s'engouffre au loin dans les montagnes. Le tout est recouvert d'un nappage de brume, apaisant et captivant. Le soleil, lui, embrase le ciel tout entier. Le spectacle est partagé avec quelques locaux qui défient les règles de la mode occidentales avec leurs *saris*[20], *lungis*[21] et leurs chemises multicolores.

Le cinquante-cinquième kilomètre marque déjà la fin de cette étape. Je quitte alors l'État du Karnataka pour celui de Goa, le plus petit du pays, équivalent à la taille de la Guadeloupe. C'est aussi la capitale asiatique du mouvement hippie depuis les années soixante-dix. Le lieu est paradisiaque pour les adeptes de la non-violence et de la liberté. Les

---

[20] un pan de tissu long de 4 à 8 mètres qui recouvre le corps de la femme.

[21] un pan de tissu qui recouvre le bas du corps à partir de la taille pour l'homme.

basses de la musique *techno* et de la *trance* raisonnent sur d'interminables plages de sable bordées de palmiers.

Pour la première fois depuis mon départ, je prends le temps de prendre le temps. Je m'arrête quand bon me semble, à l'ombre d'un arbre ou d'un abri en tôle, pour savourer une eau de coco, puis un jus de sucre de canne, dans la plénitude de l'instant.

L'État vit essentiellement du tourisme, alors les infrastructures pour héberger les voyageurs sont nombreuses. Je partage mon dortoir avec un Russe. Depuis des mois, son pays est en guerre avec l'Ukraine. Sasha sait qu'en restant dans son pays, il peut être envoyé de force au combat par le régime dictatorial de Poutine. Sa décision est ferme et radicale, il ne veut pas retourner en Russie avant la fin de la guerre. Le sujet est délicat, mon camarade de chambre ne rentre pas dans les détails. Il finit toutefois par affirmer tristement qu'un grand nombre de ses compatriotes sont lobotomisés par la propagande que le gouvernement organise sur les médias grand public. Pour ces raisons, malgré un grand nombre de personnes opposées à cette guerre, la Russie peut compter sur une partie de son peuple pour aller au combat.

20 avril : Canacona - Vagator 90 km. T : 1 140 km.

Les 15 premiers kilomètres me rappellent la frontière Franco-Suisse et ses pentes sans fin. 700 mètres de dénivelé positif sur 15 kilomètres, soit deux heures de montée en première vitesse du premier plateau ou en danseuse, puis quinze minutes de roue libre en descente, soit l'équivalent de ce que je viens de monter.

La route est très pentue, la zone inhabitable. Les arbres me procurent de l'ombre et la montée reste agréable. La végétation est dense, les animaux sont nombreux. Au point culminant, je prends quelques instants pour honorer ce qui m'entoure. Je regarde, avec respect et admiration cette nature environnante. D'un côté se trouve une mer de palmiers nageant dans la brume, transpercée par cette boule de feu venant de l'est. De l'autre, des familles entières de singes sautant d'un arbre à un autre.

La descente est très agréable, l'air qui se heurte à plus de 30 kilomètres à l'heure sur mon corps humidifié par la sueur me rafraîchit. Seul sur la route et dans la nature, je sors mon téléphone afin de capturer quelques images de cet instant de plénitude. Je lâche prise, me laisse aller et ne prends plus aucune précaution. Pour réaliser les plus belles images, je retire mon casque qui, d'habitude, ne me quitte jamais. Concentré sur l'écran, j'en oublie la route. Après avoir violemment freiné pour réduire la vitesse, ou parce que j'ai roulé dans l'herbe, je ne sais plus, je passe par-dessus le guidon, terminant ma course à plat ventre sur le sol, le vélo sur le dos. Ce rappel à l'ordre instantané reste amical et bienveillant, il me coûte seulement quelques griffures sur le torse et un petit trou dans la main. Univers, si tu m'entends, je jure de ne plus filmer mes descentes et je jure à deux fois de ne plus retirer mon casque pour embellir une vidéo. Je te prie de me tenir très loin de ces hôpitaux qui sont encore en phase d'expérimentation.

L'État s'est fortement occidentalisé avec ses millions de visiteurs et les infrastructures se sont adaptées. Les routes sont en excellent état, les rues assez propres. Les supérettes remplacent les vendeuses assises en bord de route, des cafés où résonnent les Beatles remplacent les *dhabas* et des luxueux hôtels et d'innombrables auberges de jeunesse remplacent les hôtels sans âme et les chambres chez l'habitant. Cette partie de l'Inde attire des gens du monde entier, apportant avec eux coutumes et modes de vie. On boit ici autant de café que de *chaï* et on mange certainement plus de *rice bowls*, burgers ou spaghettis que de *thalis*.

Le constat est le même qu'hier, avant-hier et tous les autres jours passés depuis mon arrivée : les rues sont désertes. Seuls quelques locaux ainsi que des touristes indiens et russes se baladent ici et là. Je rencontre dans un des cafés l'unique client qui s'y trouve. Cette saison est la moins agréable pour voyager à Goa, alors j'imagine que si cet homme est ici, c'est que soit il est complètement perdu, soit il réalise un challenge complètement dingue à travers l'Inde en été et est du coup tout autant perdu.

Lorsque nos regards se croisent, une profonde envie de lui parler m'envahit. Un inconnu est un ami que nous n'avons pas encore rencontré. Je décide alors de me lever pour me présenter. Krisztian est un grand blond frisé aux yeux bleus, à la tête cabossée et la peau rougie par le soleil. Cet homme d'origine hongroise vêtu d'un débardeur jaune et d'un short multicolore ne passe pas inaperçu. C'est sa première fois en Inde et il ne connaît pas grand-chose de ce pays. L'Inde encore inconnue et les vols pour Goa étaient attractifs, voilà deux raisons qui justifient sa présence ici.

Des vacances dans une station balnéaire en train d'attendre patiemment que les touristes reviennent pour se remettre à vivre n'a rien d'attrayant. Il se sent déçu, ne se sent pas dépaysé, il n'a personne avec qui parler sauf des Russes et des locaux peu avenants, le tout accompagné d'une terrible chaleur. La folie et le mysticisme de l'Inde sont partout, mais pour les vivre il faut s'ouvrir, déposer son esprit occidental et accueillir les expériences vécues à bras ouverts. Le cas de Krisztian se rapproche donc de ma première hypothèse, celle de l'étranger perdu qui n'a aucune idée de ce qu'il fait à cet endroit. « Déçu » de l'Inde, il compte repartir dans quelques jours.

Je me revois quelques années plus tôt lors de mon premier séjour en Inde. New Delhi, novembre 2019 ou le pire mois de l'année en termes de pollution dans les environs de Delhi. A cette saison, des dizaines de milliers de paysans nettoient leurs champs en brûlant tous les résidus de la récolte passée. L'air est alors irrespirable, le champ de vision limité à quelques centaines de mètres par un brouillard nauséabond et terriblement nocif. Quelques jours précédant mon arrivée, le niveau de pollution avait atteint un niveau soixante-dix-huit fois supérieur à celui relevé à Paris au même moment[22]. Je ne rêvais que d'une chose, quitter le pays, « déçu » de mon expérience. Par chance, je devais participer à une retraite de méditation à Dharamsala, une ville plus au nord du pays. Je devais donc rester trois semaines avant la retraite pour être libre de partir. Cela m'avait suffi pour m'adapter et changer ma vision des choses. Finalement, je suis resté deux mois de plus que prévu.

Les yeux de Krisztian sont remplis de déception et cela me touche. Nous passons alors la fin de journée ensemble à découvrir les coins les plus reculés de la ville. Le soir, nous dînons dans un *dhaba*, en dehors de la zone touristique. Chaises et tables en plastique, les plats sont cuisinés à même le sol et les prix sont dérisoires. L'endroit est tenu par deux jeunes avec qui nous discutons et rigolons beaucoup. Comme à la maison, nous goûtons différents plats, avant de nous faire inviter à dîner dans la cuisine même. Krisztian est émerveillé, il passe une partie de la soirée à filmer ces moments de convivialité.

Je m'endors ce soir-là, avec l'idée d'inviter Krisztian à m'accompagner pendant quelques jours dans mon aventure.

---

[22] Mesuré par le niveau de particules fines PM2,5

Au réveil, un message de Krisztian apparaît sur mon mobile «Yesterday night I had a crazy idea. Buying a cheap bike somewhere and join you for some time. Would you mind ?»[23]

Nous nous donnons rendez-vous au café de la veille. Après avoir établi un plan d'action, Krisztian part à la recherche d'un vélo tandis que je reste ici pour me reposer, écrire et planifier l'itinéraire. Et quelle surprise, à partir d'ici, la route 66 quitte le littoral pour s'enfoncer dans les terres sur les 500 derniers kilomètres avant Mumbai. Je vais enfin quitter cette route infernale, en continuant de longer la mer par des petites routes de campagne, qui sont plus calmes et plus accueillantes.

Comme chaque veille de départ, je recherche un logement. Ce que je préfère, ce sont les chambres d'hôtes pour la qualité de leur accueil et où mes expériences ont été très enrichissantes depuis le début de mon voyage. Je regarde ensuite les auberges de jeunesse, qui sont moins propices à la rencontre avec les locaux, mais n'en restent pas moins agréables puisqu'on y rencontre d'autres voyageurs. En dernier recours, je choisis la chambre d'hôtel pour un séjour coûteux et peu enrichissant.

Pour l'étape de demain, le choix se limite à une seule chambre d'hôte sur les 80, 90 prochains kilomètres. C'est parfait. Je contacte le propriétaire et lui expose mon projet. Il semble très enchanté à l'idée de recevoir des étrangers. Nous partirons donc demain, pour 80 kilomètres de balade sur les chemins de l'arrière-pays, avant de terminer la journée chez un local qui nous attend avec impatience. Le début de voyage pour mon nouveau compagnon s'annonce riche en découvertes.

---

[23] Hier soir j'ai eu une idée folle, acheter un vélo pas trop cher pour te joindre pendant quelques temps. Tu serais d'accord ?

Krisztian dort dans un hôtel. Je l'invite à me rejoindre dans l'auberge où je séjourne. Lorsque je le retrouve, ses yeux trahissent un profond sentiment de déception. Il a passé l'après-midi à sillonner la ville pour trouver un vélo, en vain. Notre voyage à vélo qui n'a pas encore commencé touche déjà à sa fin.

22 avril : Vagator - Chipi 80 km. T : 1 220 km.

La journée commence par la traversée des derniers kilomètres de l'État avant de quitter Goa pour le Maharashtra, un État aussi grand que l'Italie dont Mumbai est la capitale.

Il est 6 heures passées, les humains se réveillent doucement dans cet État plus détendu que les autres. Les chiens errants, en revanche, n'attendent pas que l'humain se réveille pour entamer leur journée. Les Indiens sont accueillants, mais on ne peut pas en dire autant pour leurs chiens. Pâté de maisons après pâté de maisons, je quitte une meute pour en découvrir une autre. Lorsqu'ils me découvrent dans le quartier qui semble leur appartenir, un aboiement suffit pour que le groupe entier me prenne en chasse. Crier plus fort qu'ils aboient les excite. Pédaler en danseuse pour prendre de la vitesse afin de les semer leur offre quelques secondes pour me mordre. Je me souviens alors de quelques locaux se baladant avec un bâton à la main les jours passés. Voilà la solution. S'armer pour dissuader.

Arrivé à la frontière, je laisse derrière moi Goa, ses palmiers, sa nature verdoyante et ses meutes de chiens enragés, pour entamer quelques heures de montée avant de découvrir un environnement aride et désertique. Seules quelques maisons en terre cuite rouge, ici et là, viennent briser le vide du paysage. Elles n'ont pas d'accès à l'électricité et un approvisionnement en eau limité aux bras de l'Homme ayant la force de remonter l'eau du puits à l'aide de bassines.

Les quelques instants passés à traverser les villages sont festifs pour moi et les hommes. C'est le jour de l'Aïd. Après un mois de jeûne intermittent pour purifier corps et esprit, hommes, femmes et enfants recommencent un cycle d'alimentation sans restriction. Plusieurs groupes m'arrêtent pour discuter ou m'offrir de l'eau. Après un mois à se priver d'eau sous 40 degrés, le musulman est définitivement la personne la plus apte à comprendre ma souffrance. Les religieux sont en fête, la testostérone est partout, un peu trop à mon goût. Il n'y a aucune femme dans les rues et la douceur qu'elles apportent manque à la fête. Des festivités comme celle-ci se préparent et la cuisine, comme chaque jour de l'année, ne se fait pas toute seule. Les hommes profitent de la fête tandis que les femmes l'organisent.

Je traverse de longues étendues dans la quiétude de la solitude. Être seul dans le pays le plus peuplé du monde est possible, mais faire durer ce moment ne l'est pas. Un scooter arrive de nulle part et se joint à ma course. Nous discutons quelques instants en roulant, avant de nous arrêter. C'est aussi un voyageur à vélo et il s'est déjà rendu à Mumbai depuis Goa. Il connaît les deux chemins qui s'offrent à moi. Il m'apprend que le chemin le plus beau est celui qui longe la côte et se paie au prix minimum d'un millier de mètres de dénivelé chaque jour et que la route 66, en grande partie en deux fois deux voies, est peu empruntée sur les trois premiers quarts et qu'avant tout le dénivelé y est moindre. D'après lui, la route 66 est de loin, à cette saison, la meilleure option qui se présente.

Je me retrouve pour la première fois sans réseau. Après une bonne demi-heure à rechercher les points de repère donnés par mon hôte, je tombe enfin sur sa maisonnette construite sur les berges du fleuve. J'y rencontre Prateek, un jeune de 26 ans de retour dans son village natal. Alors qu'il vient d'être diplômé et prêt à s'engager dans une carrière d'ingénieur à la ville, le grand-père de Prateek tombe malade. Il rentre alors au village, sans hésitation, comme le font en général les Indiens pour aider leur famille dans le besoin.

Prateek vit avec son père dans une autre maison juste derrière la maisonnette qu'ils réservent pour les touristes. À droite vit la tante, à gauche les grands-parents et les quelques autres maisons appartiennent à d'autres membres de la famille ou à des voisins qui vivent ici de génération en génération. L'endroit est calme, propre et bien entretenu. Les gens s'entraident et veillent les uns sur les autres. Tout le monde se connaît, le moindre écart est donc vite rapporté.

C'est l'avantage de ces petits villages où la proximité est telle que les habitants respectent les règles de la communauté et agissent au mieux pour maintenir une vie harmonieuse à plusieurs. Une proximité néanmoins critiquable lorsque les différences ne sont pas acceptées, pouvant dériver vers le conformisme. Une organisation bien différente de celle des villes où les gens sont si nombreux qu'ils se voient, mais ne se connaissent pas, qu'ils se côtoient, mais ne se soutiennent pas. L'individualisme y prime sur le sens de la communauté. Pour assouvir ses désirs, l'humain ne se préoccupe que de lui, parfois aux dépens des autres, sans crainte d'être jugé par son environnement qu'il ne considère pas.

Krisztian se joint à nous trois heures plus tard. À défaut d'avoir un vélo, c'est à scooter qu'il est venu jusqu'ici. L'idée de remplacer le vélo par le scooter n'est pas si mauvaise, mais pas si bonne non plus. Sa première expérience à scooter remonte au début de semaine et apprendre à conduire sur les routes indiennes avec un 125 cc est plus audacieux qu'intelligent. Le voyageur qui se rend en Inde aime évidemment la folie. Krisztian en fait partie. L'état de son front et de sa main témoigne de son manque d'agilité, un châtiment corporel qu'il s'est infligé après avoir chuté deux fois en seulement quelques jours.

Prateek souhaite nous faire découvrir le village à scooter, Krisztian me propose de monter derrière lui. Je décline son offre, sans aucune hésitation, avant de m'asseoir à l'arrière de mon hôte. Une main sur l'accélérateur, l'autre sur son téléphone pour filmer la balade, Krisztian à scooter semble à l'aise comme un poisson dans l'eau recouvert de bandages après s'être fait harponner.

Nous passons la soirée tous les trois. Krisztian découvre une nouvelle facette de l'Inde. Prateek est heureux de recevoir des étrangers chez lui pour la première fois et voir deux personnes avec un sourire jusqu'aux oreilles me rend heureux à mon tour. Prateek insiste pour que nous restions un jour de plus. *«You are my friends now and I want you to stay here so tomorrow you don't have to pay»*[24]. La route est encore très longue, mais pour cette fois, nous décidons de rester.

23 avril : Repos à Chipi, km 1 220.

Dans la nature, la température s'équilibre d'elle-même et offre un confort de vie qui ne se trouve nulle part ailleurs. La nuit, l'air se rafraîchit au contact de l'eau et des végétaux. En ville, les bâtiments bloquent le vent et le béton met des heures à se délester de la chaleur accumulée pendant la journée, nous rendant dépendant de l'air conditionné alors qu'ici, un simple ventilateur suffit.

---

[24] Vous êtes à présent mes amis et je veux que vous restiez alors demain vous n'avez rien à payer.

Les pieds dans l'eau, nous savourons les délicieux mets cuisinés par la tante de notre ami tout en buvant l'eau de coco du jardin. Le précieux liquide se récupère dans les noix qui poussent en haut de l'arbre. Pour les cueillir, la famille paie un villageois qu'elle rémunère au nombre de cocos ramassées. La cueillette est sportive. Torse nu et en *lungi*, équipé d'une machette et d'une simple corde pour maintenir ses pieds serrés, l'homme grimpe à plus de 10 mètres de hauteur avant de pouvoir cueillir le fruit.

Au sol, des villageois travaillent les autres parties de l'arbre. Le cocotier est très respecté, car il s'exploite entièrement et il est la source de revenus pour des millions de personnes dans le pays[25]. L'eau de la noix se boit, la chair se transforme en huile ou en lait, et sa partie solide devient un bol ou un plat. Les grosses branches de l'arbre recouvrent le toit des maisons tandis que les plus petites se changent en balais. Le tronc, reconnu pour sa solidité, s'utilise pour la structure de la toiture ou de la maison. Les chutes ne pouvant être travaillées alimentent le feu pour cuisiner. Le cocotier nourrit, hydrate, loge, protège, chauffe, cuit et crée de l'emploi.

Face à nous, des barques naviguent sur le fleuve. D'après Prateek, elles sont remplies de Népalais et d'Indiens du Nord. Les épuisettes longues de plusieurs mètres qu'ils tiennent en main leurs servent pour racler le sol afin de récupérer du sable. Une fois la barque remplie, le navire retourne sur la berge. À l'aide de seaux, l'équipage transporte ensuite le butin vers de gros camions. Ces travailleurs immigrés, calcinés par le soleil, sont de la main d'œuvre bon marché. Ils maintiennent ce rythme du premier jusqu'au dernier rayon de soleil, soit treize heures

---

[25] https://www.indiantradeportal.in/vs.jsp?lang=0&id=0,31,24100,29378
https://ccari.icar.gov.in/dss/coconut.html

par jour, six jours sur sept, pendant trois mois d'affilée. Ce n'est qu'à la nuit tombée, par manque de visibilité, qu'ils peuvent enfin se reposer, entassés sous des tentes construites avec des bouts de bois et des bâches de chantier.

La cohabitation entre ces travailleurs et les gens du village se passe bien. En revanche, ces derniers dénoncent les industriels de la construction qui profitent de ces extractions d'éléments naturels pour s'enrichir sans autorisation, aux dépens des travailleurs et de la biodiversité qui se voit menacée.

Au village, Prateek nous présente aux habitants qui nous accueillent à bras ouverts. Krisztian, de plus en plus dépaysé et vivant une expérience hors du commun, ne quitte jamais sa caméra pour capturer ces moments de bonheur.

24 avril : Chipi – Wargaon 80 km. T : 1 300 km.

Prateek me laisse une lettre dans laquelle il me partage la joie que lui procure notre rencontre. Je trouve que les Indiens sont abusivement explicites pour bien des choses, mais lorsqu'il s'agit de mettre des mots sur des sentiments ils ne le sont pas pour un sou. Je reçois donc cette lettre avec beaucoup de gratitude.

Krisztian me remercie du fond du cœur pour lui avoir offert la possibilité de découvrir une autre partie de l'Inde, celle qui laisse une trace indélébile dans le cœur. Il repart à Goa rendre son scooter, avant de mettre le cap pour le nord du pays et continuer son périple. La magie de l'Inde a commencé à opérer.

Pour moi, elle continue grâce à la bienveillance témoignée à l'étranger partout en Inde. L'unique chambre d'hôtes sur les prochains

70 à 90 kilomètres me semble trop haut de gamme par rapport à mes moyens. C'est une belle maisonnette au milieu d'une plantation de manguiers. Lorsque j'appelle le propriétaire pour lui parler de mon projet et m'assurer que mes finances suffisent, celui-ci m'invite instantanément. L'argent n'est pas un problème pour lui, je n'ai qu'à payer en fonction de mes moyens.

Le soleil se lève à peine et les flottes de bateaux sont déjà sur l'eau. À quelques kilomètres de chez Prateek, environ deux cent cinquante personnes recouvrent le fleuve et leur logement de fortune dissimule la plage. En moins d'une demi-heure, je croise la route d'une vingtaine de camions venant récupérer les tonnes de sable ramassées. La scène est impensable, comment une activité illégale d'une telle ampleur peut-elle exister aux yeux de tous ? N'y a-t-il personne pour les dénoncer ou les pots de vins suffisent-ils pour acheter leur silence ?

Le cycliste m'ayant conseillé cet itinéraire avait raison. La route 66 est en deux fois deux voies avec une bande d'arrêt d'urgence et quasiment vide de circulation. Le paysage n'est pas le plus beau du voyage et la chaleur plus intense que sur les routes de campagne, mais pour la première fois en 1 300 kilomètres, l'espace suffit pour qu'aucune voiture ne me frôle. Il n'y a aucun chien pour me mordre et aucun klaxon pour m'exploser les tympans. Je peux enfin lâcher prise. Je sais que chaque kilomètre laissé derrière moi me rapproche de la nature et m'éloigne du danger.

Après 45 kilomètres de ligne droite au milieu de nulle part, je tourne pour la première fois et quitte l'artère principale pour rejoindre la ferme. Les employés ne parlent pas un mot d'anglais. Le propriétaire vit en fait à Mumbai et ne vient que pendant ses vacances. Par chance, un client de la ferme parle anglais et traduit notre échange.

À l'heure du déjeuner je retrouve Intiyaj, le client traducteur. Son boulot, c'est d'acheter en grosse quantité pour revendre à des épiceries ou directement aux consommateurs sur Amazon. Des gens achètent des mangues sur Amazon ? Oui et pour deux fois le prix initial. Étant les plus savoureuses, la variété Alfonso, originaire de cet État, est d'après lui la plus recherchée du pays. Les riches paient alors le prix fort pour se les faire envoyer à la maison, par cagettes de six ou de douze. Un business rentable, bien qu'il n'ajoute réellement aucune valeur au produit. Il profite principalement à la multinationale et aux petits malins comme Intiyaj et son associé ; cet homme au gros ventre qui passe l'après-midi assis sur une chaise, à regarder les employés charger son or orange en cagettes.

Intiyaj passe une partie de l'après-midi à mes côtés. Nous visitons la ferme et il me donne un cours approfondi sur le business de la mangue et de l'agriculture. Nous échangeons avec sincérité et bienveillance sur de nombreux sujets. Je me permets de le questionner sur la polygamie, réservée à l'homme dans sa religion musulmane. Quelle raison justifie que la femme soit privée, une fois de plus, de certaines libertés que l'homme s'accorde ? Droit dans les yeux, il me répond « Si la femme accouche d'un enfant, alors qu'elle a plusieurs hommes, comment peut-on savoir qui est le père ? » Nous éclatons de rire.

Intiyaj est l'une de mes rencontres préférées. Être musulman ou athée, manger du mouton ou être végétarien, avoir une ou plusieurs femmes n'altère pas la nature de l'Homme. Derrière ces masques faits de croyances et de convictions avec lesquels nous nous définissons, se trouve toujours un être humain. Juger la différence ne fait que diviser, alors que l'accepter nous unis. Certains vont chercher l'argent, d'autres le pouvoir et d'autres encore le voyage, mais nous poursuivons tous la même quête, celle du bonheur. Apprenons alors à marcher main dans la main, acceptant nos croyances divergentes, afin de trouver, seul et à plusieurs, le chemin du bonheur. Demain, Intiyaj souhaite me présenter à sa famille, mais la route est encore longue, je dois continuer.

Je ne trouve qu'une seule chambre d'hôtes pour mon étape de demain. Comme son nom l'indique, *O'NEST Luxury Homestay*, l'endroit est luxueux. N'ayant aucune autre alternative, j'appelle pour me présenter avant de leur proposer de me loger dans la chambre de bonne.

Ce que je croyais être une exception la veille est en fait une tradition chez les hindous. Il est écrit dans leurs textes que l'invité est la personne la plus respectée et doit être traité de la même manière que Dieu. Même le plus pauvre d'entre eux doit, si l'occasion se présente, recevoir l'invité chez lui pour lui offrir un verre d'eau et un peu de repos. Dans ce pays où plus d'un milliard d'hindous vivent, trouver l'hospitalité n'est alors qu'une formalité. « *Don't worry, just come tomorrow and pay whatever you can* »[26].

25 avril : Wargaon - Devrukh 92 km. T : 1 392 km.

Virage après virage, je prends de la hauteur et je découvre la nature sous une nouvelle perspective. Sec et rocailleux, le sol est recouvert de poussière rouge orangé. Les étendues sont vastes, les habitants se regroupent sur les plaines qui sont plus facilement habitables. Sous les 40 degrés affichés à midi, il me faudra deux heures d'intenses efforts pour réaliser les 10 derniers kilomètres, avec 300 mètres de dénivelé positif.

Arrivé sur place, je découvre un petit hôtel intimiste et luxueux. Le réceptionniste attendait mon arrivée. Ma chambre est prête. C'est une

----

[26] Ne t'inquiètes pas, tu peux venir demain et payer ce que tu veux.

pièce de 15 m² équipée d'un lit *king size*, d'une climatisation et d'une salle de bains. La pièce est revêtue d'un joli carrelage avec une peinture toute fraîche et une terrasse qui donne sur le jardin.

Pendant l'après-midi, je sympathise avec le propriétaire. Il possède une maison en location qui se trouve sur mon itinéraire, à quelques dizaines de kilomètres de Mumbai, et m'invite à y séjourner lorsque j'y arriverai. C'est une villa flambant neuve, avec quatre chambres et une piscine creusée, le tout face à la mer. Comme ici, je n'aurai qu'à payer en fonction de mes moyens.

Bien que je me sois acclimaté à la chaleur, les journées restent très dures physiquement et cet effort limite mes interactions sociales. Mais chaque après-midi, lorsque je m'arrête quelque part, les rencontres sont merveilleuses. Pourquoi ne pas réduire à nouveau l'itinéraire pour passer plus de temps avec ces gens et approfondir les rencontres ?

26 avril : Devrukh - Chiplun 76 km. T : 1 468 km.

La destination du jour est une grande ville et les possibilités de logements sont nombreuses. Il y a plusieurs hôtels en plein centre et une chambre d'hôtes au sommet de la montagne qui borde la ville. J'attaque à plein régime. À seulement 9 heures, 55 kilomètres se sont déjà écoulés. Je ne suis plus qu'à 21 kilomètres de la ville, avec suffisamment d'énergie pour gravir la montagne. Lorsque j'appelle le propriétaire pour m'assurer une place, celui-ci m'indique qu'il se trouve dans le coin. Nous décidons alors de nous rejoindre.

Au point de rendez-vous, un vendeur de fruits m'ayant vu arriver suant me tend une chaise et me découpe une mangue pour me rafraîchir. Mangesh, le propriétaire, arrive en suivant. Il a la peau foncée et il est vêtu d'un treillis militaire, d'un polo blanc, et d'un chapeau marron. Il ressemble plus à un explorateur qu'à un gérant de maison d'hôtes. Nous chargeons le vélo dans son 4 x 4 d'aventurier. Le vendeur de fruits m'offre une dernière mangue avant de reprendre la route.

Le moteur du 4 x 4 hurle pour franchir les dernières pentes avant d'arriver à la maison. Nous y sommes coupés du monde. En haut de la colline et au milieu de la forêt, avec une vue à 180 degrés, nous voyons tout. Camouflés par les arbres et les couleurs naturelles de la maison, personne ne nous voit. Le toit de la maison est en tuiles d'argile, la structure est en bois et pierre, les murs en terre et bambou et le sol en terre sèche. Tous les meubles qui l'habitent sont en bois. C'est un éco-lieu.

Le coucher de soleil nous rassemble autour d'un thé. C'est l'occasion pour moi de comprendre comment un projet écologique a pu voir le jour dans un des pays les plus pollués au monde. Quinze ans plus tôt, Mangesh était commercial. Il gagnait beaucoup d'argent, mais il passait sa vie à courir après le temps. Puis, son fils est né et il a pris conscience que chaque moment passé au travail était du temps perdu pour l'éducation de son enfant. Désireux de lui offrir du temps et un environnement plus sain que celui de Mumbai où lui et sa femme vivaient, Mangesh devait trouver une solution. C'est comme ça qu'il s'est formé à la construction de maisons écologiques. Pendant deux ans, Mangesh a sacrifié ses weekends à construire la bâtisse dans laquelle nous nous trouvons. En louant celle-ci comme gîte, il s'est bâti une stabilité financière sans avoir à passer sa semaine au travail. Ses heures de temps libre sont beaucoup plus nombreuses et c'est avec son fils qu'il en passe une grande partie. Aujourd'hui, Yon a 14 ans et, contrairement aux jeunes de sa génération, ce n'est pas le téléphone qui le captive, mais la faune et la flore. Les changements de vie de son père semblent avoir porté leurs fruits.

27 avril : Repos à Chiplun, km 1 468.

Je me retrouve invité à la conférence que Mangesh anime dans le collège où son fils étudie. Il doit sensibiliser la centaine d'élèves sur le réchauffement climatique, l'impact de la monoculture, le recyclage, l'économie de l'eau, etc., et moi leur parler de voyage à vélo. C'est l'une des meilleures écoles du coin, alors les cours sont en anglais. Je me retrouve étonné de voir à quel point l'école est délabrée et sommaire. Les fenêtres ont des barreaux, la peinture des murs tombe, les chaises et les bureaux ont au moins 20 ans et aucune pièce n'est équipée de climatisation malgré la constance d'une chaleur assommante à cette saison.

Pour Mangesh, on protège ce que l'on aime et on aime ce que l'on connaît. La conférence terminée, s'ensuit une visite de l'éco-lieu où sont expliqués les principes fondamentaux qui permettent de maintenir l'harmonie de la nature. Mangesh insiste sur l'interdépendance des organismes vivants. Tuer un animal ou arracher une plante déséquilibre le système dans sa globalité. Si un nuisible dérange l'harmonie des lieux, il faut introduire son ennemi pour que la nature puisse s'équilibrer d'elle-même au lieu de l'éliminer lui-même. C'est ce qu'il expérimente ici, avec succès, depuis plusieurs années.

Les enfants apprennent sur la nature et moi j'apprends sur eux. Ils ne sont pas encore assez conditionnés par leur environnement pour se mentir à eux-mêmes. Ils peuvent mentir aux autres pour jouer le rôle qu'on leur impose, pour convenir aux attentes des parents par exemple, mais lorsqu'on creuse, on obtient toujours la vérité. Lorsque j'aborde le sujet des amourettes, ils assurent d'une seule voix vouloir attendre le mariage avant d'entamer une relation. Ils ont entre 12 et 14 ans, mais parlent déjà d'engagement pour la vie. Lorsque la confiance se noue, le premier se lance, puis le second et le troisième : ils ont tous une amoureuse. Pour éviter d'être puni, tout cela doit rester secret.

A 250 kilomètres de Mumbai, le moment est venu d'organiser mon séjour dans un centre de méditation qui se trouve au nord-ouest de la ville. Ce moment, je l'attends depuis des mois. J'apprends que dans huit jours le centre n'aura pas de capacité d'hébergement à cause d'un événement spécial qui s'y tiendra. Je dois donc rapidement arriver à Mumbai pour repartir du centre avant l'événement. Le train peut m'éviter deux jours de vélo. C'est l'option que je prendrai.

28 avril : Chiplun - Mumbai CBD 250 km. T : 1 718 km.

Mangesh est inspirant et bienveillant. Oser mettre toute sa vie de côté pour offrir la meilleure éducation possible à son fils est admirable. Il est le père que chaque enfant rêverait d'avoir. Nombreux sont les adultes qui veulent des enfants, moins nombreux sont ceux qui se dévouent pour les éduquer. Entre besoin de réussite sociale et celui de combler un vide, l'enfant n'est pas toujours mis au monde pour les bonnes raisons. Après quelques années, nombreux sont ceux qui oublient leur responsabilité : celle d'éduquer son enfant, tout au long de la semaine et pas uniquement le weekend et ce, jusqu'à ce qu'il soit indépendant. Quand bien même les bonnes intentions sont présentes, l'oiseau peut-il apprendre à l'oisillon comment voler lorsqu'il n'en est lui-même pas capable ? Les rencontres avec de telles personnes sont rares.

Un premier train grande vitesse me téléporte aux portes de Mumbai. Un second, dédié aux trajets intra-muros, m'amène jusqu'au cœur de la ville. Je voyage dans le compartiment des transports de marchandises pour pouvoir emporter mon vélo. C'est le wagon le moins cher et c'est aussi celui où les différences se rencontrent. À bord, il y a une famille avec trois enfants. La crasse qu'ils portent sur eux traduit la pénibilité de leur travail. Il y a aussi trois *hijras*[27], plus bruyantes et vulgaires les unes que les autres et un jeune de 20 ans qui roule un joint de haschich, fier de cumuler cinquante et une condamnations malgré son âge. Enfin, un groupe de quatre bureaucrates et les trois jeunes qui me « conseillent » de porter une arme blanche pour me défendre des gens comme « eux ». C'est un lieu de partage et de rencontre, où il faut garder la tête froide pour éviter de se faire dépouiller.

Je termine cette journée chez un couple de Français expatriés qui m'ont proposé l'hospitalité. Je ne le sais pas encore, mais je m'apprête à passer la nuit dans une des résidences les plus luxueuses de la ville. J'arrive dans un parc géant qui regroupe des logements, des restaurants, une salle de sport, une piscine, puis dans un appartement très confortable, avec des services haut de gamme (chauffeur, cuisinière, nourrice...). Celui-ci est situé au 35e étage, surplombant la sixième mégalopole la plus peuplée au monde avec ses 24 millions d'habitants.[28]

Il me faudra peu de temps pour ne pas me sentir à ma place. Je le sais, de tels privilèges existent seulement si les plus forts tirent profit des plus faibles. Je vois par la fenêtre ces énormes bidonvilles où des personnes vivent sans accès à l'eau potable, ni aux toilettes. Ce sont ces mêmes personnes qui sont utilisées jour et nuit pour construire ces mastodontes au coût énergétique et humain déraisonné.

Je n'ai pas besoin de savoir que, dans chaque immeuble de cette résidence, se trouve une personne employée pour appuyer sur les

---

[27] Membres d'une communauté transgenre reconnue en Inde.
[28] À 2 millions prêt, c'est autant d'habitants que dans l'Australie.

boutons de l'ascenseur pour comprendre que je ne suis pas de ce monde. Certaines personnes pensent que c'est un métier utile et bénéfique pour l'employé qui, sans celui-ci, serait destiné à mourir de faim. Pour autant, ces exploités ne gagnent pas suffisamment d'argent pour arrêter un jour de travailler, ni même pour payer une éducation convenable à leurs enfants. C'est en donnant, mais pas trop, que les gros maintiennent les petits dépendants. Ces derniers n'ont d'autres choix que de faire des petits, à leur tour, pour assurer leurs vieux jours. Quelle hypocrisie d'offrir un fruit en gardant secret l'endroit où l'arbre pousse.

Hier je m'endormais dans une maison construite en harmonie avec les lois de la nature. Aujourd'hui je m'endors sur le toit du monde, parqué dans un rêve illusoire, observant la plèbe suffoquer.

29 avril : Repos à Mumbai, km 1 718.

Aujourd'hui, je déjeune avec Isabelle et son mari. C'est la directrice du Petit Journal de Mumbai[29] qui suit et partage mon aventure depuis son commencement. Cela fait déjà vingt ans qu'ils sont expatriés et sept ans qu'ils vivent en Inde. Ils connaissent ce pays, sa culture, son histoire, son peuple et me partagent de nombreuses anecdotes. Après une immersion d'un mois dans la culture indienne, il est vraiment agréable d'échanger dans sa langue natale avec des personnes qui partagent le même humour. C'est une merveilleuse et enrichissante rencontre.

Ensemble, nous nous baladons dans les rues de la capitale économique, qui est aussi celle des inégalités. Certaines résidences privées, entreprises et restaurants sont aussi développées et chics qu'en

---

[29] Journal francophone sur l'actualité indienne.

Europe. À quelques rues seulement, nous passons dans des quartiers faisant partie des plus pauvres du monde.

Les riches et la plèbe se partagent Mumbai dans un calme déconcertant. Le système de castes est toujours présent et la fatalité du peuple semble l'entretenir. Les pauvres acceptent le sort dont ils ont hérité et les riches en profitent. Le système de castes trouve son origine dans l'hindouisme, mais de manière générale il concerne toute la société indienne. Il offre un ordre hiérarchique et la société s'articule autour de celui-ci. Au niveau le plus bas, les intouchables ou « dalits », hors castes, sont prédestinés à faire les boulots impurs. Par exemple, ce sont eux qui sont employés pour vider à la main les fosses septiques ou nettoyer les rues. À l'inverse, les brahmanes font partie de la caste la plus élevée et représentent la pureté de l'humain. Ce sont les prêtres, ils incarnent l'hindouisme. La caste des marchands, les vaishyas, se retrouvent en troisième position, juste en dessous des kshatriyas, les hauts fonctionnaires de l'État. Les ouvriers et travailleurs agricoles appartiennent à la quatrième caste, celle des shudras. Les castes élevées ne sont pas toujours les plus riches, mais elles sont les plus respectées.

Pour certains, le pouvoir d'achat est tel qu'ils se rendaient d'un côté à l'autre de la ville en hélicoptère, avant que cela soit interdit. Mukesh Ambani est l'un d'entre eux. L'homme le plus riche du pays décollait depuis l'un des trois héliports qui surplombent sa demeure [30]. Celle-ci n'est autre qu'une tour de 37 000 m2 et 27 étages en plein cœur de Mumbai, entretenue quotidiennement par 600 employés. Mukesh Ambani est le symbole de ce que l'homme moderne appelle la réussite et son parcours fait briller les yeux des habitants de cette ville où sont concentrés plus de 60 000 millionnaires.

---

[30] Estimé à 2 milliards d'euros

L'Occidental, n'ayant pas grandi dans ce milieu, peut-il s'adapter à cette misère et accepter de telles inégalités ? Nous qui avons toujours mangé à notre faim et dormi sous un toit, devenons-nous aseptisés face à une telle violence morale ? C'est auprès d'Isabelle, une femme qui semble être soucieuse de son prochain, que je cherche une réponse. Après sept années passées à Mumbai, elle continue de se sentir affectée lorsqu'elle fait son jogging au milieu de ceux qui dorment sur le trottoir. Ne pas se sentir responsable est une chose, pouvoir ressentir de la compassion sans avoir de tristesse ou de colère en est une autre. Ceci demande plus de sagesse que ce qu'Isabelle et moi avons.

Au soleil couchant, les immondes bâtiments délabrés sont magnifiés par la lumière de l'heure dorée. Deux jeunes m'abordent, curieux de connaître ce qui m'amène ici. Nous terminons notre discussion une heure plus tard, lorsque je descends de la rame de métro pour retourner dans ma tour d'ivoire. Lorsqu'on est un homme, se faire de nouveaux amis du même sexe est ce qu'il y a de plus facile à faire dans le pays.

L'anniversaire de mon hôte marque l'occasion de se réunir entre amis et pour moi d'observer un autre mode de vie d'expatrié, celui où le Français vit à l'étranger comme en France. Parmi les vingt personnes invitées, il y a principalement des collègues de travail et leurs compagnes dont dix-neuf Français et une Anglaise. Ils sont venus avec leurs chauffeurs privés, dont certains attendent patiemment en bas de l'immeuble que la fête soit finie, ou en Uber. Nous écoutons de la musique occidentale, nous parlons et mangeons français, nous sommes servis par la femme de maison qui, elle, est Indienne.

Que penser de ces situations où le contact entre expatriés et locaux se limite aux ordres que les premiers donnent aux seconds, qui ne sont autres que leurs employés ou leur personnel de maison ? N'est-ce pas étrange qu'après des mois dans un pays l'étranger n'ait entretenu que peu de relations sincères avec ceux qui l'accueillent ? Qu'ils profitent de leurs revenus français dans un pays où le salaire minimum est au moins cinquante fois inférieur aux leurs, vivant alors dans une bulle grâce à un pouvoir d'achat suffisamment élevé pour se payer chauffeur, cuisinier et nourrisse ? Lorsqu'un expatrié vit de manière élitiste, comme un millionnaire en Inde, parqué dans les plus luxueuses résidences de la ville et profitant de privilèges auxquels il n'aurait pas accès en France, n'y a-t-il pas une forme de colonialisme revisité au goût du jour ?

Étant moi-même fils d'expatrié, j'ai joui durant mon enfance des avantages de cette situation. Pendant cinq ans, à chaque vacance scolaire, j'ai vécu dans cette bulle, séparé du peuple, à profiter du fort pouvoir d'achat de mon père avec les autres expatriés. Finalement, je me suis beaucoup diverti, mais je n'ai rien appris. J'ai beaucoup pris, sans jamais rien donner.

Depuis trente jours, je rencontre les habitants des coins les plus reculés du pays au prix de litres de sueur. J'apprends chaque jour, tout autant que je me divertis. Je donne de moi-même, pour finalement recevoir beaucoup plus. Ma couleur me trahit et je ne peux pas ignorer mes vingt-sept années de vie et de confort occidentalisé, mais je suis, plus que jamais et autant que je le peux, l'enfant du pays qui m'ouvre ses bras. C'est en essayant de vivre au plus près du peuple que je me sens légitime de voyager dans un pays où une grande partie de la population ne peut pas se rendre à l'étranger. Quand bien même ils en ont les moyens financiers, nombreux sont ceux qui se voient refuser leur visa par le service d'immigration du pays étranger à cause de la faiblesse du passeport indien.

La ville est bondée à longueur de journée. On y vient pour faire ses courses, dans les épiceries ou chez les vendeurs ambulants qui habillent les routes. On se balade, on discute entre amis, on fait des affaires ou on boit un _chaï_. Même les souterrains sont occupés. À chaque sortie de métro sa spécialité, l'une est connue pour ses vendeurs de jeans qui étalent leur marchandise au sol sur un drap, d'autres pour les chaussures, les jouets, etc. Les aides de l'État n'existent pas et la manche récolte peu, alors chacun se débrouille comme il peut.

Dhobi Ghat se situe à 400 mètres de mon logement. C'est un gigantesque bidonville à ciel ouvert, au cœur de la ville, où plusieurs centaines de personnes vivent, dorment et travaillent sans relâche pour laver, chaque jour, plus d'un million de draps et vêtements pour les hôtels et entreprises de la ville. Le textile est étendu sur des cabanes en tôles, hautes de plusieurs étages. Un pont me permet de prendre de la hauteur pour observer la scène : draps, vêtements et hommes à perte de vue. C'est surréaliste. Les contrastes entre l'ancien temps et le futur et l'amplitude des inégalités sont marqués par les gratte-ciels qui entourent Dhobi Ghat.

Devenu une attraction phare de la ville, les visites guidées de Dhobi Ghat attirent de nombreux touristes et, bien entendu, les vendeurs de souvenirs et mendiants qui en veulent à leur argent. À moins d'être estropié, un homme qui fait la manche dans ce pays ne gagne que très peu d'argent. Ce sont alors les femmes et les enfants qui sont envoyés au charbon. Je rencontre aujourd'hui quatre filles âgées de 4 à 10 ans. Elles sont accompagnées de leur mère. À chaque vacance scolaire, elles quittent le village et les bancs de l'école pour vendre des souvenirs aux touristes.

Les hommes les plus démunis et sans famille sont nombreux à errer dans les rues. Certains n'ont plus rien, ils vivent sans but ni espoir de voir leur vie s'améliorer. Les moins chanceux d'entre eux, qui peinent à se nourrir depuis trop longtemps, ne passeront pas l'été. Ils s'affaiblissent petit à petit. Ils déambulent jusqu'à ne plus avoir assez de force pour avancer d'un pas de plus. Ils finissent alors au sol, les passants les contournent comme on évite une merde de chien pour ne pas se salir les pieds. Certains ont encore la force de convulser, mais cela ne suffit pas pour qu'on leur vienne en aide. Lorsque j'implore de l'aide, on m'explique que nous sommes au milieu de l'été, en pleine purge annuelle.

Le soir, j'embarque dans le bateau navette pour franchir le fleuve qui sépare le cœur de Mumbai de sa presqu'île. Je touche enfin du bout des doigts l'un de mes plus grands rêves : méditer dans la plus grande pagode[31] de méditation Vipassana au monde. Dans la pénombre, sa couleur dorée intensifiée par de nombreux spots transperce le paysage. On ne voit que ça, un mastodonte de cent mètres, aussi haut que large, qui peut accueillir simultanément huit mille méditants. C'est pour moi le pèlerinage d'une vie, comme la Mecque l'est pour mes frères musulmans. C'est notre Mur des Lamentations, construit au milieu du centre administratif et de la recherche de la méditation Vipassana. Le centre est si grand qu'une soixantaine d'adeptes y vivent tout au long de l'année avec leurs familles pour s'occuper de l'administratif, de la logistique, de l'entretien et de la recherche.

---

[31] dôme réservé à la méditation

Jagjiwan, le responsable des méditants visiteurs, me reçoit dans le bâtiment qui leur est réservé. Il est l'unique personne avec qui je vais m'autoriser à communiquer pendant les cinq prochains jours. Une fois affranchi des démarches administratives, je m'empresse d'aller méditer. La taille est surprenante et le silence à l'intérieur est extrêmement profond. Seul, dans un dôme de 6 000 m² rempli d'énergie bienveillante, je n'ai ni besoin de m'asseoir, ni de fermer les yeux pour sentir des vibrations dans tout mon corps et un sentiment de légèreté très puissant qu'il est impossible de décrire avec des mots. C'est définitivement une expérience qui se vit au-delà du mental.

Chauffeur camion

Boulanger

Shiv

Ravi

Ami de Kiran

Vendeur street food

Ayurveda shop

Acho

Jagjiwan

Un passant

Arif

Satyaki

Shihabudeen et son atelier

Kiran et sa famille

Affiche de bienvenue par le
club de cyclisme

Vivek et moi-même

Global Vipassana Pagoda

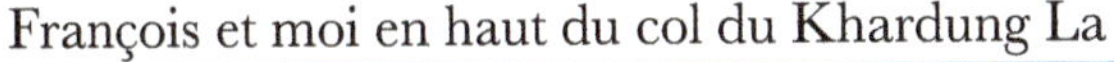

François et moi en haut du col du Khardung La

Moi, Nawang et Rigdoh

Deux moines contemplant la vue de Wangla

Monastère de Chemrey

Jivan se fait tatouer dans la rue

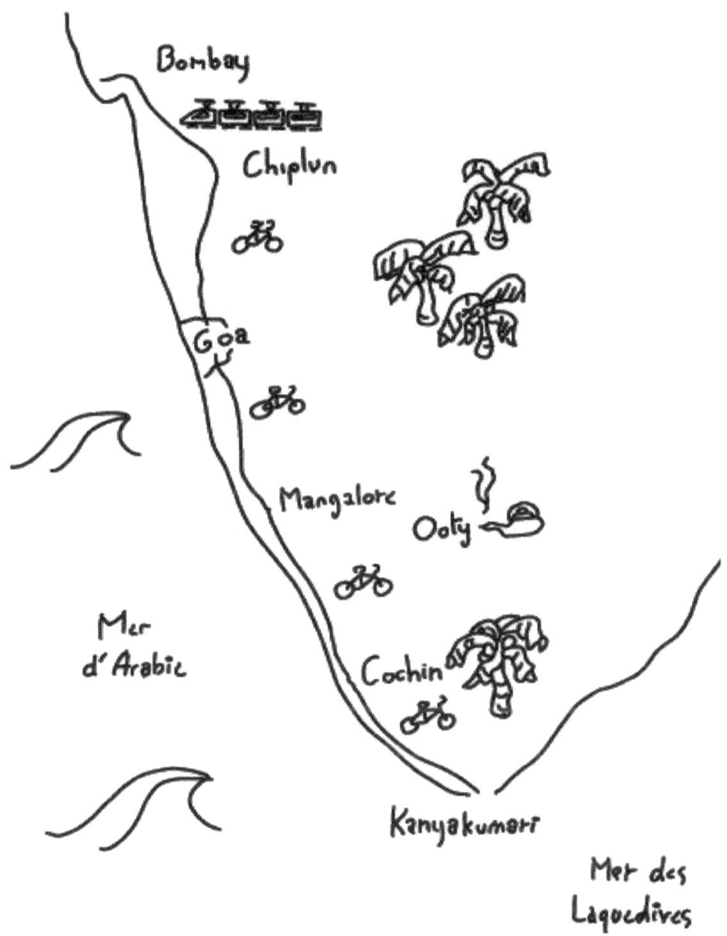

Bombay
Chiplun
Goa
Mangalore
Ooty
Mer d'Arabie
Cochin
Kanyakumari
Mer des Laquedives

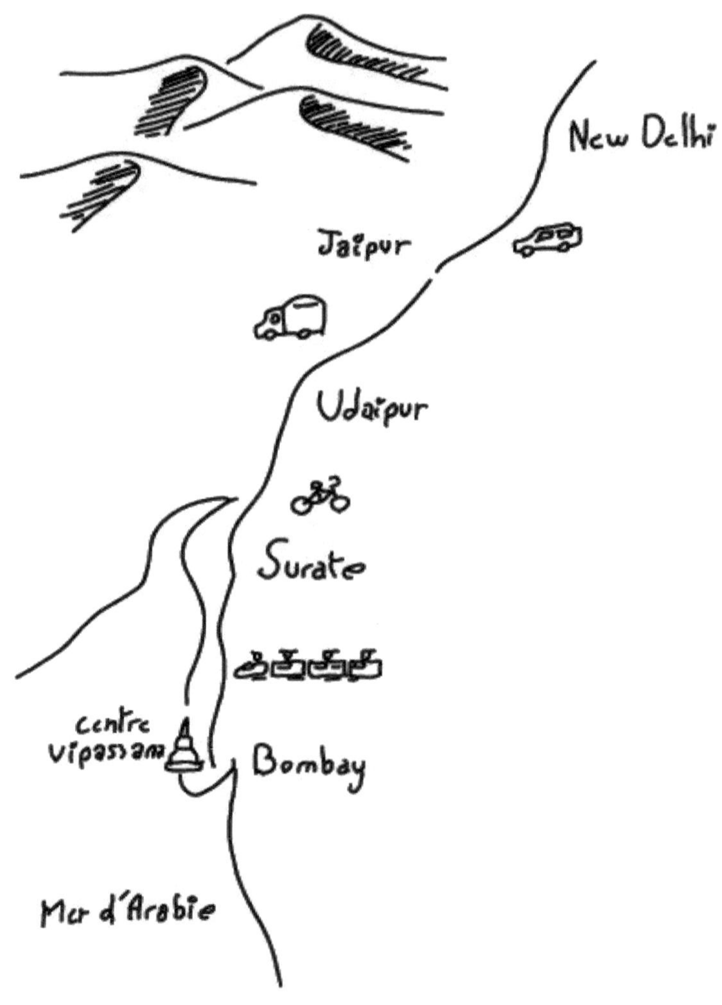

New Delhi
Jaipur
Udaipur
Surate
centre
vipassana
Bombay
Mer d'Arabie

Carte troisième partie

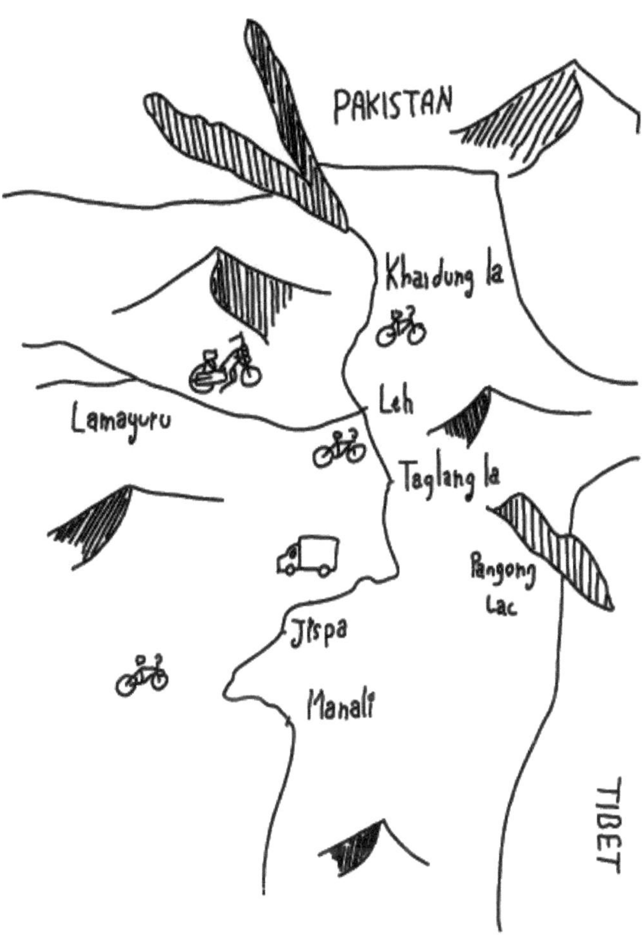

Deuxième partie :

1 mai : Jour 31 à 36. Séjour Global Vipassana Pagoda. Mumbai.

La méditation Vipassana, telle que l'enseigne SN Goenka, le professeur principal, est une méthode qui permet d'explorer notre monde intérieur. C'est un moyen pratique d'examiner la réalité de notre propre corps et de notre propre esprit, de mettre à découvert et résoudre les problèmes qui y gisent cachés, de développer un potentiel inutilisé et de le canaliser pour son propre bien et celui d'autrui.

De manière générale, la méditation Vipassana est enseignée dans des cours de dix jours. Pendant cette période, nous demeurons dans l'enceinte du site, sans contact avec le monde extérieur. Nous devons nous abstenir de lire, d'écrire et suspendre toute pratique religieuse pour se consacrer à la méditation. Nous nous engageons également à respecter des règles éthiques élémentaires incluant la chasteté et l'abstention de toute substance intoxicante.

L'emploi du temps et la rigidité des règles nous permettent d'entrer dans une profonde introspection pendant une retraite. Les méditations se déroulent entre 4 h 30 et 21 heures lors de sessions d'une à deux heures. Dans le monde, les méthodes de méditation sont très nombreuses. Celle-ci est basée sur l'observation de la respiration et des sensations corporelles. À la fin de chaque session, nous prenons quelques minutes pour générer de l'énergie et des pensées positives pour tous les êtres vivants.

La tolérance et la bienveillance sont des piliers fondamentaux dans les centres Vipassana. Ces qualités m'ont donné la foi de continuer lors de périodes de doutes et de questionnements. Ici, tout être humain est autorisé à pratiquer cette technique, indépendamment de son origine, ses finances ou son orientation religieuse. Les centres de méditation sont gérés par les méditants et l'argent nécessaire à la construction et l'organisation des cours provient uniquement de nos donations. Le personnel qui s'occupe de la cuisine, de l'entretien et même les professeurs sont des méditants bénévoles.

Cela fait maintenant trois ans et demi que je pratique la méditation Vipassana, à minima une heure par jour. Elle demande beaucoup de sérieux et d'assiduité, mais ses avantages sont nombreux. Après plusieurs retraites et mois passés dans ces centres de méditation, beaucoup de choses ont changé pour moi. La maîtrise que j'ai de moi-même est plus développée, mes attentes envers la vie sont plus claires et le bonheur que j'éprouve bien plus profond. Évidemment les vicissitudes de la vie existent encore, mais la méditation m'apprend à vivre avec mes émotions et à accepter les différentes étapes de la vie.

La Global Vipassana Pagoda ne dispense pas de retraite, mais les méditants Vipassana sont autorisés à y séjourner autant de temps qu'ils le souhaitent pour approfondir leur pratique en autonomie. Logement et nourriture fournis, je peux m'investir totalement dans la pratique de la méditation.

Le changement de rythme est brutal. Je consacre ma première journée à me reposer, physiquement et psychiquement. Après un mois à découvrir l'Inde, sa culture et ses habitants, mon corps est usé et mon esprit agité. Représenté comme un singe qui saute de branche en branche dans la jungle, l'esprit agité crée des états de stress et d'anxiété.

Mon téléphone est éteint, il n'y a personne pour me déranger. Lorsque je ne suis pas allongé dans mon lit pour dormir, je suis assis dans le dôme pour méditer. L'après-midi je continue de méditer avec d'autres personnes venues pour la journée. Le soir, je me retrouve seul.

Au repos, mon corps se rétablit. À force d'observer mes sensations entre le nez et la lèvre du haut, mes pensées ralentissent. Une fois apaisé, je me concentre sur ce qui se passe dans chaque partie de mon corps. Lorsque des pensées surviennent, je les accepte, puis je dirige à nouveau mon attention vers mes sensations corporelles. Je répète cet exercice du matin au soir, lorsque je suis assis dans le dôme, mais aussi lorsque je marche, que je me douche et que je mange.

J'ai compris grâce à la méditation que nous ne pouvons pas avoir le contrôle sur notre environnement, mais nous pouvons l'avoir sur nous-même et sur notre manière de réagir aux évènements. Par exemple, nous ne pouvons empêcher une personne de nous insulter, mais nous pouvons apprendre à ne plus réagir avec de la colère face à une telle situation. C'est pour cela que je passe autant de temps à pratiquer, dans le but de développer un esprit calme et équanime[32]. En apprenant à ne plus réagir à ce qui se passe autour et à l'intérieur de moi, j'arrive à vivre une vie plus heureuse et harmonieuse.

Lorsque je suis calme, je suis à nouveau en paix avec moi-même et avec les autres. C'est à ce moment-là que la colère, la peur et la haine disparaissent pour laisser place à l'amour et la bienveillance. Après cinq jours de méditation, mon corps est reposé et mon esprit est à nouveau calme.

---

[32] L'équanimité est une disposition affective de détachement et de sérénité à l'égard de toute sensation ou évocation, agréable ou désagréable.

En me recentrant sur moi-même, seul et coupé du monde extérieur, je peux également prendre du recul sur mon premier mois d'aventure. Les relations que j'entretiens avec les locaux sont très enrichissantes, mais peu nombreuses à cause de mes déplacements quotidiens. J'ai encore la vie devant moi pour dépasser mes limites mentales et physiques afin d'apprendre à me connaître, mais de retour en France, rencontrer des Indiens sera impossible. Je veux me déplacer moins vite pour approfondir mes relations. Je décide alors de réduire à nouveau mon itinéraire. Je réaliserai les 300 prochains kilomètres en train jusqu'à la ville de Surat, dans l'État du Gujarat. Ainsi, je me rapprocherai du Rajasthan qui est l'État où je souhaite passer plus de temps pour contempler la beauté de ses paysages, son architecture et la culture très singulière de son peuple. À Surat, 1 200 kilomètres me sépareront de New Delhi.

5 mai : Mumbai - Surat 300 km. T : 2 068 km.

Après cinq jours de tranquillité, le retour dans l'agitation ambiante du pays va être un nouveau challenge. Pour éviter des complications, je réserve à l'avance un billet de train et une chambre d'hôtel à Surat.

Maintenir une vie morale à l'intérieur du centre est plutôt facile. C'est en dehors de ce havre de paix que le challenge est de taille. Branché sur mon téléphone, mitraillé d'informations publicitaires et au milieu de l'activité humaine, les invitations à mener une vie immorale sont partout. S'abstenir de tuer tout être, de voler, d'inconduite sexuelle, de parole mensongère et de consommer de l'alcool ou des substances intoxicantes devient alors plus compliqué.

Tout comme l'oiseau a besoin de ses deux ailes pour voler, la parole et l'action juste ainsi que la pratique de la méditation sont fondamentales pour avancer sur le chemin de la paix et de la pureté de l'esprit. C'est pour cela qu'au quotidien je m'efforce de respecter, autant que possible, ces quelques principes de vie.

La période de transition entre la tranquillité du centre et la folie de l'Inde est facilitée grâce à ma rencontre avec Élise, une rédactrice du petit journal de Mumbai qui, de sa belle plume, retrace mon aventure depuis ses débuts. Mariée à un Indien, elle vit ici depuis des années et connaît la culture locale. Une fille douce, gentille, attentionnée, qui aime profondément le pays qui l'accueille. Cette personne est unique, puisse l'univers prendre soin d'elle.

Lorsque ce brin de douceur me quitte, c'est la colère qui m'accueille. Dans le train, le contrôleur m'assomme de hurlements dans sa langue natale. Une fois la crise de nerfs terminée, je comprends alors que les vélos sont interdits dans ce train. C'est du jamais vu, une chose est interdite et en plus, une personne est là pour faire respecter la règle. Je propose d'acheter un billet supplémentaire et lui présente mes excuses, il se remet à crier dans une langue que je ne comprends toujours pas, puis décide de partir.

J'arrive à la nuit tombée à Surat. La saleté, le bruit, les rues noires de monde et la pollution me frappent de plein fouet. À l'hôtel, le réceptionniste peine à m'expliquer qu'il n'est pas autorisé à recevoir des étrangers. J'ai pourtant réservé en ligne, mais il ne veut rien savoir. À la porte d'à côté, le discours est le même. Le quatrième hôtel sera le bon. Pour 18 euros la nuit, je trouve une chambre dans une rue très bruyante et dégueulasse, dans un espace à peine suffisant pour accueillir le lit et sans fenêtre. Il fait nuit noire, j'accepte cette chambre car je n'ai pas de meilleure option.

Malgré mon organisation, la journée était éprouvante, mais je reste calme et optimiste. J'avale quelques fruits avant de passer un coup de fil à Lucile, ma copine, pour enfin m'endormir en m'imaginant dans ses bras.

À minuit, un homme sonne à ma porte. Le réceptionniste me réclame le couteau qu'il m'a prêté quelques heures plus tôt. C'est la goutte de trop, le vase déborde et tout le calme accumulé ces cinq derniers jours disparaît. Comme le contrôleur de train, j'ai envie de calmer mes nerfs en lui hurlant dessus. Je lui demanderai seulement s'il trouve ça normal de réveiller ses clients pour si peu. Il se retrouve bouche bée, le regard perdu.

Soit nos coutumes sont vraiment différentes et réveiller un client à cette heure-ci n'est pas un manque de courtoisie, soit je suis tombé sur le dernier des abrutis. Après réflexion, je pense que c'est le dernier des abrutis qui me montre une fois de plus à quel point nos coutumes sont profondément différentes.

6 mai : Surat - Kunpad 175 km. T : 2 243 km.

Mon vélo est resté dehors toute la nuit. J'entends encore le réceptionniste m'assurer qu'il le rentrera une fois les derniers clients arrivés. À cet instant, je suis fatigué de la nuit passée et déçu que l'on m'ait menti.

Il me faut quarante-cinq minutes pour laisser cette ville derrière moi, ses sept millions d'habitants et mes mauvaises aventures. Bien qu'elle soit le centre historique de l'industrie du textile et du diamant, cette ville est immonde. Il y a des déchets partout dans les rues, les bâtiments sont noirs de crasse et le taux de pollution est si élevé que ma gorge me gratte. Des vaches et des buffles errent dans les rues et se nourrissent de morceaux de cartons et plastiques qui traînent par terre. Les routes, parsemées de nids de poule, sont dans un état lamentable. Le centre historique du diamant ressemble plutôt à une ancienne zone de guerre.

Je quitte ce foutoir pour une nouvelle portion qui n'est guère meilleure. Une deux fois trois voies très empruntée, que je partage avec tous types de véhicules : des motos et des *tuk-tuk* chargés de familles entières, des taxis à la carrosserie explosée, des tracteurs chargés à bloc, des camions remplis de dizaines d'ouvriers, et des bus surchargés où le dernier arrivé à un pied dans le bus et l'autre dehors. Certains de ces véhicules roulent en sens inverse sur la voie d'arrêt d'urgence et leurs grands coups de klaxons et appels de phares me font plier et quitter ma ligne de survie. Les seuls hôtels se trouvant au bord de cette route, je suis forcé de continuer sur ce chemin.

La tête dans le guidon, masqué, un œil sur la route et l'autre sur le rétroviseur, je progresse dans ma lancée. J'élimine, sans aucun soupçon de plaisir, 90 kilomètres en cinq heures. Malédiction, une fois de plus, cet hôtel n'accepte pas les étrangers. Il est pourtant vide et même un paiement en espèce n'intéresse pas le réceptionniste. Je reprends la route et pendant une heure trente les refus s'enchaînent. Les réceptionnistes sont formels, aucun hôtel de la zone n'accepte les étrangers. Il est 13 h 30, il fait 40 degrés et j'ai déjà 100 kilomètres dans les jambes. Moralement, je touche le fond.

Je me tourne alors vers les chambres d'hôtes. La prochaine se trouve à 75 kilomètres d'ici. Au téléphone, comme à chaque fois, j'explique mon aventure et les problématiques que je rencontre. La magie de l'Inde opère à nouveau. La réponse est sans equivoque : *"Please come over here, I invite you to stay at home as long as you want to rest. You are a guest in my country, your stay will be free of charge."*[33]

Il me reste maintenant à trouver la force de m'y rendre. Au moment même où l'appel se termine, sous mes yeux, un homme descend d'une camionnette, accompagné de son vélo. Bénédiction. Une minute plus tard, je me trouve à sa place, mon vélo dans la malle, pour les 40 prochains kilomètres. À 15 heures, il me reste encore 35 kilomètres à parcourir. Mon dos est douloureux, les frottements entre les cuisses me brûlent et je suis pris de migraine, mais cet élan de solidarité me donne suffisamment de vitalité pour continuer.

Je segmente l'objectif final en plus petits objectifs pour hacker mon mental. Je me persuade qu'il ne me reste que 10 kilomètres avant la fin, je marque une pause de cinq minutes, puis recommence le jeu jusqu'à la ligne d'arrivée. Ainsi, je n'ai qu'à rouler trois fois et demie 10 kilomètres pour arriver au bout des 35. A 16 h 45, je franchis enfin la ligne d'arrivée. C'est une nouvelle victoire personnelle qui me permet d'élargir un peu plus ma zone de confort et mes barrières mentales. Je réalise une fois de plus quelque chose dont je ne me pensais pas capable.

Sur le parking, un homme m'offre de l'eau. Le réceptionniste me guide jusqu'à la chambre. Ici aussi, le propriétaire s'est fait construire une maison de vacances au milieu de sa ferme de mangues. Actuellement dans sa résidence principale, sa chambre m'est réservée. C'est une suite d'au moins 25 m² avec un lit *king size*, une salle de bains avec baignoire, un salon équipé de canapés et d'un fauteuil, avec une belle vue sur le jardin. Pris dans le feu de l'action, j'en ai oublié de

---

[33] S'il te plaît viens ici, je t'invite à rester à la maison autant de temps que tu as besoin pour reposer ton corps. Tu es un invité dans mon pays, ton séjour sera gratuit.

manger à midi. Nous sommes à des kilomètres de la première épicerie. L'homme qui m'a offert de l'eau m'amène en voiture, me paie le repas, puis me ramène à la ferme avant de rentrer chez lui.

- *Aren't you working at the farm ?*
- *I don't, I was parked here because I sale some products to the company next door*
- *So why did you take so much time for me ?*
- *Just because you needed help*[34]

7 mai : Repos à Kunpad, Kilomètre 2 243.

J'ouvre les yeux après douze heures consécutives de sommeil. Dans le miroir, mon visage affiné et mes cernes creusées me rappellent l'intensité de l'épreuve d'hier.

La maison est entourée d'innombrables espèces de plantes et d'arbres qui adoucissent le décor et favorisent la détente. Ce petit coin de paradis a été créé par un riche industriel à la retraite pour son propre plaisir et celui de ses invités. Table de ping-pong, billard, et même une piscine sont à ma disposition. L'employé est à mes petits soins. 365 jours par an, il reste ici, souvent seul, pour veiller sur cet endroit. Aujourd'hui, je lui donne de mon temps pour casser cette routine à travers de longues discussions. Méditation, yoga, lecture et piscine sont les autres occupations de ma journée. C'est également l'occasion de faire un point

---

[34]

- Ne travailles-tu pas à la ferme ?
- Non j'étais garé là car je vends des produits à l'entreprise qui se trouve à côté.
- Alors pourquoi as-tu pris autant de temps pour moi ?
- Simplement car tu avais besoin d'aide.

sur la levée de fonds pour Karuna Shechen qui s'élève maintenant à 695 euros.

L'endroit est propice à la récupération, sauf la nourriture. Bien qu'elle soit délicieuse, elle est extrêmement piquante. Mon corps est affaibli, la bataille entre le piment et mon estomac est remportée par le premier. Tout ce que j'ingurgite termine aux toilettes dans l'heure.

Pour éviter les problèmes de logement, je prépare dès aujourd'hui l'étape de demain, en focalisant mes recherches sur les chambres d'hôtes. Il y en a une à 73 kilomètres. Sur les photos le lieu semble magnifique, à tel point que j'imagine qu'il est trop cher pour moi. Au téléphone, on m'assure que les étrangers sont acceptés et que mon budget suffira.

8 mai : Kunpad - Balasinor 73 km. T : 2 316 km.

Au menu du jour se dressent 73 kilomètres de routes de campagne à travers des villages et des champs asséchés par cette chaleur qui n'épargne rien, ni personne.

Les vendeurs de jus sont partout et surtout n'importe où. A l'entrée, au centre et à la sortie des villages, mais aussi sur le bord des routes et même au beau milieu des champs où ils attendent inlassablement leur prochain client, interrompant leur longue période de contemplation. Lorsque je tombe sur l'un d'entre eux, l'homme se précipite dans sa petite cabane de terre et de feuilles de palmiers pour en sortir son *charpoy*[35] et un coussin. Il ne parle pas un mot d'anglais, mais sa gentillesse me remplit de joie.

---

[35] Lit traditionnel indien fabriqué à partir d'un cadre de bois tendu par des cordes tressées.

Plus loin, j'aperçois deux enfants accroupis l'un à côté de l'autre qui sont en train de se soulager dans un immense champ. La situation est cocasse, mais en 2023 plusieurs centaines de millions d'indiens font encore leurs besoins en plein air et cela a de lourdes conséquences sur l'état de santé de la population. Les mouches qui pondent dans les excréments propagent des agents infectieux pour l'homme. Les micro-organismes infectent ensuite les locaux en passant par les pores de la peau, ou en contaminant l'eau et la nourriture qu'ils ingèrent. Au final, une centaine de milliers d'Indiens de moins de 5 ans meurent de diarrhée.[36] Cela vulnérabilise aussi les femmes, en particulier dans la pénombre du soir où des agressions sexuelles se produisent.

À mon arrivée, je suis accueilli par le roi Nawabzada Sultan Salauddin Khan Babi en personne. Il est le dernier couronné de la famille royale de Balasinor. La royauté n'a plus aucun pouvoir sur le peuple depuis l'indépendance de l'Inde en 1947, mais d'après ses dires, il est toujours respecté et reconnu comme le roi de la ville.

Amoureux de la France, c'est pour lui un plaisir de me recevoir dans son pays et dans son palais. Pour que je ne manque de rien, deux de ses servants sont mis à ma disposition. L'intérieur est magnifique. L'architecture est d'un style colonial britannique, avec de gros pavés au sol, de grands tapis, des poutres apparentes et des fenêtres à volets. Pour appuyer le style colonialiste, j'ai une ligne directe avec le personnel pour que mes désirs puissent devenir réalité.

---

[36] https://www.nationalgeographic.fr/photographie/en-inde-lenjeu-sanitaire-de-la-defecation-en-plein-air

ou https://lepetitjournal.com/inde/comprendre-inde/oui-aller-aux-toilettes-en-inde-cest-encore-tabou-275450

Rare est l'occasion d'observer un roi dans son quotidien. Celui-ci est très souvent suivi par l'un de ses servants. Pour son goûter, le roi et moi sommes assis face-à-face. Le serviteur reste à ses côtés, debout, pendant que le maître s'engraisse. Il le considère si peu qu'une fois le plat terminé, il lui tend l'assiette sans même le regarder. Peu familier avec la royauté, j'ose naïvement lui demander ce qu'il fait dans la vie, ce à quoi il me répond d'un rire condescendant *"I'm a king"*[37].

Être le roi justifie le fait qu'on lui serve tout sur un plateau d'argent. Suite à notre échange, j'apprends qu'il n'a rien créé de ses mains, ni de sa tête et qu'il n'apporte rien de bénéfique à la société. Au contraire, c'est grâce à l'exploitation des humains et des ressources naturelles obtenues par ses ancêtres et lui-même, qu'il jouit de tous ces privilèges. La citation « c'est de l'enfer des pauvres qu'est fait le paradis des riches » illustre parfaitement la situation.

Même si la royauté n'existe plus en France depuis bien longtemps déjà, il me semble important de rappeler que les classes les plus pauvres de notre pays n'ont pas les mêmes chances de réussite que les plus riches. L'argent apporte le pouvoir et la domination et à des degrés différents les gens riches en profitent, en Inde, en France, comme dans le reste du monde.

Je commence à comprendre pourquoi j'ai de plus en plus de peine à trouver un logement pour le lendemain. Cette zone étant peu touristique, les hôtels ne prennent pas la peine de demander à l'État l'accréditation nécessaire pour recevoir des étrangers. J'essuie aujourd'hui cinq refus avant de trouver un hôtel qui accepte de me loger. Organiser mes journées par rapport à l'endroit où je vais dormir me dérange de plus en plus. Je me sens privé de liberté et de surprises.

---

[37] Je suis un roi

Comme à chaque fois, les coups durs auxquels je fais face sont accompagnés de bonnes nouvelles. Ce soir, le roi décide de me faire plaisir. Au menu, son chef m'a concocté une poêlée de légumes, une purée de pommes de terre, des beignets au fromage revisités à l'indienne avec du *paneer* et des crêpes à la confiture de fruits rouges pour le dessert. Un bel alliage de gastronomie franco-indienne servi dans la salle des convives au décor colonialiste anglais. Ce soir, je suis servi comme un roi, par un roi.

Avant d'aller dormir, sa majesté accepte de m'ouvrir les portes du salon du palais, normalement gardé privé. La pièce semble inchangée depuis plusieurs générations. La tapisserie est de couleur or et gris et les tableaux fixés aux murs retracent la lignée de rois. Le salon est habillé d'une armoire remplie de porcelaine d'Angleterre, un léopard empaillé chassé par son grand-père, de nombreux fusils et statuettes en tout genre. Le plus grand tableau est à son égérie. On y voit un bébé de onze mois, tout juste couronné après le décès de son père.

9 mai : Balasinor - Modasa 72 km. T : 2 388 km.

Aujourd'hui je me surprends à la place des deux enfants d'hier, en prenant tout de même soin de me cacher derrière un arbre.

Le chemin emprunté tout au long de la matinée fait de cette étape ma favorite. Je roule des kilomètres sans croiser aucun humain, ni habitation. Le paysage légèrement vallonné casse l'uniformité des plats horizons qui m'ont accompagné dans l'Inde du sud. L'air est pur et je suis bercé par le bruit du vent. En me poussant dans le dos, il me fait planer comme un oiseau.

Ici et là, j'aperçois quelques maisons faites à la main, en terre ou en briques rouges, qui embellissent le paysage. Dieu merci, les industriels et leur ciment n'ont pas encore gagné certaines zones du pays. Les femmes sont vêtues de *saris* et recouvertes de bijoux qui   témoignent de leurs croyances religieuses, ainsi que de leur statut social et matrimonial.

Comme hier, les invitations à m'arrêter au bord de la route pour dialoguer sont nombreuses. À plusieurs reprises des motards se mettent à mon niveau pour discuter, ou plutôt m'infliger le même interrogatoire dans un anglais limité : *"you married ? country you belong to ? your age ? what purpose ?"*.[38]

On me salue, on me souhaite la bienvenue *"welcome, welcome"*, on m'offre de l'eau dans les maisons et parfois même une chaise pour me reposer. Lorsque je m'arrête pour un *chaï*, les gens se regroupent autour de moi et me fixent avec insistance d'un regard maladroit mais toujours bienveillant. Ici aussi, le thé m'est offert. La palme d'or de l'accueil revient sans aucun doute aux *gujaratis*[39].

À l'hôtel, ce sont les mouches, les crottes de souris et une épaisse couche de poussière qui m'accueillent lorsque j'entre dans la première chambre. Je me plains. Pour m'avoir guidé vers une nouvelle chambre, le réceptionniste me demande de l'argent. Je regrette sans tarder ma suite royale de la veille.

Cette ville est majoritairement peuplée de musulmans. Dans la rue, les femmes portent un *niqab*. Généralement ouvert à la découverte et dénué d'a priori, j'ai beau observer la scène sous tous ses angles, je n'y trouve aucun sens. Ce vêtement ne laissant apparaître que les yeux

---

[38] Toi marié ? quel pays tu appartiens ? ton âge ? quel but (pour me demander pourquoi je fais du vélo en Inde) ?

[39] Habitants de l'État du Gujarat.

soustrait la subjectivité de tout être. La beauté et la sensibilité de ces femmes manquent à ce paysage. Il m'est impossible de rester insensible face à cela et je refuse de le devenir. Combien de jeunes filles accepteraient délibérément de se cacher derrière ce voile intégral, sans être influencées par l'environnement ni par la peur du regard de son semblable ? Très peu, je suppose. Comment peut-on laisser son fils s'habiller et se coiffer comme il le souhaite, tout en empêchant sa fille de faire de même ? Ne serait-ce pas le parfait exemple de l'inégalité et de l'injustice, pourtant contraires aux principes de la religion ?

Au parc, une femme se découvre le visage pour manger, avant de le recouvrir au moment où elle m'aperçoit. Elle utilise alors sa main droite pour se nourrir et la gauche pour lever la partie du voile qui lui recouvre la bouche. Une telle scène me fend le cœur et, même, me déstabilise fortement.

En face de l'hôtel se trouve un vendeur de *pani puris*[40]. C'est le plat phare de la *street food* en Inde. C'est aussi la moins recommandée pour les étrangers car ils sont parfois préparés avec de l'eau non filtrée. En manger dans une ville non touristique équivaut à jouer à la roulette russe, en espérant que l'eau ne soit pas contaminée. À cause de mes efforts quotidiens, je ne suis pas sûr de vouloir prendre le risque. Un des clients commande pour moi et paie l'addition ; il a tranché à ma place.

Des bruits de crépitements et une lumière orange me réveillent en sursaut durant la nuit. La prise sur laquelle est branchée la climatisation est en feu. Décidément, rien ne va dans cet endroit.

---

[40] Une coquille frite et croustillante farcie de *bondis* (petites boulettes de farine) et d'une salade de pommes de terre, pois chiches, tomates et oignons rouges. Le tout est agrémenté d'épices *chaat masala*, de chutney de tamarin et de chutney de menthe.

<u>*10 mai : Modasa - Udaipur 160 km. T : 2 548 km.*</u>

Les prochains hébergements disponibles sur mon chemin se trouvent à Udaipur, une ville située à 160 kilomètres plus au nord. Une distance trop longue pour être parcourue en une journée. Je m'engage pour 50 kilomètres avant de retrouver l'axe principal, emprunté chaque jour par les milliers de camions qui assurent le transport de marchandises à travers tout le pays. Mon plan est simple, embarquer dans l'un d'entre eux jusqu'à Udaipur.

Je m'arrête dans la première aire de repos pour routiers. Très sommaire, elle est constituée d'un grand réfectoire où l'on mange pour pas cher et d'une épicerie pour se recharger en snacks, sodas, tabac et alcool. Dehors, une grande bassine, un bac en béton, ou des jets d'eau sont mis à disposition pour ceux qui veulent s'offrir une douche de fortune.

J'aborde le premier camionneur avec un mélange d'anglais, d'hindi et de gestes. En quelques secondes seulement, l'affaire est conclue.

— *Namaste uncle[41] you go to Udaipur ?*
— *Yes Udaipur*
— *Me and my bicycle with you ok ?*
— *Ok bhaiya[42]*

Mon vélo est installé sur la galerie, nous prenons la route. Alors que je frôle la mort chaque jour à cause de ces camionneurs enragés, l'un d'entre eux devient aujourd'hui mon sauveur. Ils sont d'habitude l'une

---

[41] Bonjour mon oncle, vous allez à Udaipur ? Le langage familial est étendu en Inde. Comme il a l'âge de mon oncle je l'appelle ainsi.
[42] Ok frère.

de mes plus grandes contraintes, aujourd'hui les camionneurs me sauvent. Chargés à bloc, nous ne dépassons pas les 40 kilomètres à l'heure. À chaque montée, le pauvre moteur hurle de douleur. Les fenêtres baissées pour nous aérer, la musique à fond pour nous ambiancer, ou des appels en visio pour me présenter, l'ambiance est à son comble.

Deux heures plus tard, nous marquons un arrêt pour une courte pause le temps d'un *chaï*. Mon chauffeur refait le plein de tabac à chiquer et d'alcool, puis nous repartons. La barrière de la langue limite nos échanges. Je comprends tout de même que Ishan se charge matin et soir en méthamphétamine pour rouler vingt-quatre heures d'affilée. Suis-je pris de panique lorsque j'apprends que ma vie est entre les mains d'un camionneur défoncé à la *meth* ? Certainement pas, je préfère être dans son camion que de le croiser à vélo.

M'adapter aux contraintes et revoir mon organisation me permet une fois de plus de vivre des moments inattendus et des expériences que je ne pourrais vivre sur mon vélo.

Udaipur est la cité romantique de l'Inde, une ville bâtie de pierres blanches, au milieu de nombreux palais, temples, lacs et jardins, le tout entouré par de belles collines. L'État du Rajasthan, dont Udaipur fait partie, est unique. Il est différent des autres États du pays pour son histoire, la beauté de son architecture et sa nature.

Les premiers coups de pédale dans la cité me procurent un bien fou. Les rues sont propres et très étroites. Je m'engage dans chacune d'entre elles comme dans un labyrinthe et chaque virage m'offre de nouvelles perspectives. La vue à 360 degrés sur le toit de l'auberge me permet de contempler la ville dans son ensemble. À quelques centaines de mètres seulement se trouve le Taj Lake Palace. L'ancienne résidence de la famille royale, construite au milieu du lac est accessible uniquement en bateau. Entièrement faite de marbre blanc, c'est maintenant le plus bel hôtel de la ville, un cinq étoiles proposant des chambres entre 500 et 5 000 euros la nuit.

Le Rajasthan est désertique. La chaleur à cette saison est insupportable. L'auberge est presque vide. Le seul occidental qui s'y trouve s'appelle Max, un Français avec qui je partage le dortoir.

11 mai : Repos à Udaipur, km 2 548.

Max étudie à Science Po, en master « actions humanitaires à l'international ». Il n'a que 25 ans et pourtant, sa vie est déjà bien remplie. Il a vécu huit mois en Guinée lors de son premier stage, dans la maison de son maître de stage où il partageait sa chambre avec quatre autres personnes et son lit deux places avec un inconnu. Pour son second stage, cela fait maintenant quatre mois qu'il vit à Katmandou, au Népal, chez un local. Trois mots le définissent : connaissance, bienveillance et simplicité.

Lors d'une interview avec la Radio des Français dans le monde, je résume mon début de voyage et je partage mes plans pour les prochaines semaines. D'ici, je compte prendre le temps de traverser le sud du Rajasthan à vélo et m'arrêter quelques jours en chemin pour découvrir Ajmer et Jaipur, deux autres villes très réputées de l'État qui se trouvent sur mon chemin. Je terminerai ma route à New Delhi, 700 kilomètres plus loin, où je laisserai mon vélo pour me rendre dans l'Himalaya, en stop ou en bus selon le temps qu'il me restera avant l'arrivée de mon invité, le 28 mai.

Au moment d'organiser les villes étapes pour éviter les problèmes de logements, c'est la douche froide. À Ajmer et Jaipur, les possibilités sont nombreuses. Mais entre ces villes séparées de centaines de kilomètres, les logements se limitent à des hôtels de luxe dans la nature ou des hôtels sur l'axe principal, qui n'ont rien d'intéressant.

Je peaufine mes recherches auprès de cyclistes indiens. À l'unanimité, ils me déconseillent de faire ce chemin à vélo. Le trajet est ennuyeux et désagréable à cause des milliers de camions qui l'empruntent chaque jour pour se rendre à New Delhi. Les hôtels en bord de routes sont abordables, mais n'acceptent certainement pas les touristes. Je me retrouve confus. Je crois que l'envie d'arrêter se mélange à la peur de l'abandon. Je reprends mon cahier, afin d'y déposer ce qui se passe dans ma tête.

Ce qui me donne envie d'arrêter est assez clair. J'en ai marre de chercher à l'avance un endroit où dormir. Je veux avancer en étant libre de m'arrêter où je le souhaite, en fonction des personnes et situations que je rencontre. Les raisons qui m'incitent à continuer sont liées à la peur ; celle de ne pas réaliser le challenge que je me suis lancé et celle de prendre l'habitude d'abandonner lorsque des difficultés surviennent.

Continuer et réaliser l'objectif malgré le manque d'intérêt serait signe de maîtrise mentale. À l'inverse, être conscient de son environnement et s'y adapter est, je pense, un signe de sagesse. Vais-je écouter ma tête pour endurcir mon mental, ou vais-je écouter mon cœur, pour vivre en paix avec moi-même et mon environnement ? M'endurcir au lieu de m'attendrir, en somme, ne serait-ce pas faire un pas en avant pour deux en arrière ?

Max et moi partons à la découverte des rues de cette ville. Sur l'artère principale où les étals pour touristes sont nombreux, les locaux nous considèrent comme des porte-monnaie ambulants. Les demandes sont si insistantes que nous sommes obligés d'ignorer nos interlocuteurs.

En dehors de ces rues, la ville regorge de trésors cachés. Les ruelles, calmes, uniques et chaleureuses sont nombreuses. Dans celles-ci, nous sommes accueillis à bras ouverts par les habitants le temps d'une discussion entre adultes ou d'une partie de cricket avec les plus jeunes.

Celui qui joue à la roulette russe finit toujours par perdre. Les *pani puris* sont cette fois-ci fidèles à leur réputation. L'eau avec laquelle ils ont été cuisinés est infectée. Mon estomac est la première victime, le WC de l'auberge la seconde.

12 mai : Repos à Udaipur, km 2 548.

La nuit m'a permis de faire le tri. Les réponses aux questions de la veille viennent d'elles-mêmes.

Faire du vélo en Inde était l'occasion de tester ma résistance physique et ma capacité d'acceptation, afin de mettre en pratique les enseignements de Vipassana dans un environnement difficile. Accepter les choses telles qu'elles sont pendant dix jours, logé dans un centre de méditation où toutes les conditions sont réunies pour rester calme est une chose. En faire de même au milieu du chaos en est une autre.

Le climat, la pollution, la différence de coutumes, de culture et de nourriture, l'inégalité des sexes, des classes sociales, la déshumanisation des plus pauvres, mais aussi l'état des routes et la manière de conduire, représentent le combo parfait pour me pousser dans mes retranchements, me mettre au bord du précipice en étant constamment à deux doigts de craquer. C'est dans cet environnement que je voulais voir ce dont je suis réellement capable lorsque je ne suis pas dans un centre de méditation.

Ces quarante-trois jours de traversée m'ont apporté des réponses. Les challenges les plus compliqués sont déjà passés. Réaliser un projet qui me semblait complètement démesuré et affronter mes peurs, me lancer dans un voyage sans aucune préparation physique et pédaler sous 40 degrés sans adaptation à la chaleur et à l'humidité, tout cela est fait.

Y a-t-il un réel intérêt à se mettre, à certains moments de notre vie, dans de telles situations pour apprendre à se maîtriser ? Je reste persuadé que la réponse est positive. Si je n'ai pas la maîtrise de moi-même, je suis l'esclave d'une autre personne, ou pire encore de moi-même. Dans le bouddhisme, l'esprit qui n'est pas maîtrisé est représenté comme un singe qui ne cesse de sauter d'un arbre à un autre. C'est l'agitation, l'impossibilité d'accepter l'instant tel qu'il est. À cause du manque de maîtrise, nous sommes gouvernés par les opinions du monde extérieur et par nos propres émotions, telles que la peur ou la colère. Nous avons des comportements destructeurs envers nous-même et les autres à cause de notre fragilité. En développant un peu plus chaque jour la maîtrise que j'ai de moi-même, je deviens peu à peu « le joueur dans la grande partie au lieu d'être le pion. Je suis la cause au lieu d'être l'effet. »[43]

À l'écoute de mon cœur depuis le début du voyage et désireux de continuer ainsi, la ville étape d'Udaipur marque la fin de ma traversée du pays à vélo. Il me reste quarante-six jours pour développer les aspects solidaires et spirituels de mon voyage. À travers l'aspect solidaire, en récoltant de l'argent pour des populations dans le besoin, je pratique l'altruisme et je renforce mon habitude à donner de l'importance à mon prochain. Enfin, l'aspect spirituel que je développe en observant ma propre enveloppe corporelle et mes schémas de pensées, me permet d'éradiquer peu à peu les sources de ma souffrance. C'est en étant d'abord en paix avec moi-même que je peux ensuite développer

---

[43] Le Kybalion : étude sur la philosophie hermétique.

l'amour inconditionnel et la bienveillance envers toutes formes d'êtres vivants.

Sur le chemin de l'auberge, une habitante m'interpelle. Elle recherche un modèle pour tourner une vidéo publicitaire promouvant le Royal Repast, le restaurant qui a longtemps été le plus réputé du Rajasthan et qui souhaite aujourd'hui développer une cuisine occidentale. Le rôle à jouer est celui d'un italien voyageant en Inde, à la recherche des meilleures expériences culinaires du pays. Évidemment, celui-ci trouve son bonheur dans le restaurant en question. Astha est inquiète, le tournage a lieu demain et elle n'a toujours pas trouvé le modèle.

Beaucoup de personnes me nourrissent, logent et chérissent pendant ce voyage, mais les occasions que j'ai d'offrir en retour sont plus rares. J'accepte alors sa proposition.

13 mai : Repos à Udaipur, km 2 548

Max m'accompagne pour le shooting. Pour l'occasion, Astha m'a préparé une tenue, un short en coton blanc, une chemise en lin rose et des lunettes de soleil et un vespa bleu flambant neuf avec lequel je vais parcourir les rues de la ville.

Sceptique, Astha nous demande :

— *Do you think Italians look like that ?*[44]

Max et moi explosons de rire.

---

[44] Tu penses que les Italiens ressemblent à ça ?

Le tournage débute dans les rues de la ville où je déambule en Vespa. Aucun détail n'est laissé au hasard. Astha me guide pendant que le vidéaste et son assistant s'occupent du shooting. Max estime leur matériel à plusieurs milliers d'euros. Ce sont de vrais professionnels. Au restaurant, le patron nous accueille, nous fait visiter les lieux et nous raconte son histoire. Pendant deux cents ans, cet endroit a été géré par la famille royale. C'était un lieu secret qui attirait des personnalités du monde entier pour la finesse et l'authenticité de leur cuisine rajasthanaise. Ici, des gens comme la reine Elizabeth II, Jacqueline Kennedy, le shah d'Iran et même Gandhi se réunissaient à l'abri des regards. De nos jours, le palais appartient toujours à la famille royale et le dernier descendant habite à l'étage. Le restaurant, en revanche, est à présent géré par Rohan, l'homme qui nous accueille.

Entre les scènes, nous discutons et apprenons à nous connaître. Pendant l'après-midi, nous partons même chez la famille d'Astha pour faire une pause et manger de la glace faite par sa grand-mère. C'est un fait, pour certains les heures de travail sont plus longues et plus pénibles en Inde qu'ailleurs, mais pour d'autres, la qualité et le bon temps priment sur la productivité.

Pour la dernière scène, le bel Italien à la dent de travers découvre le *dalh Baati Churma*, plat mythique du Rajasthan constitué de pâte de blé et de semoule cuites au four, que l'on trempe dans un *dalh*. Pour cette scène, je n'ai pas besoin de surjouer. Le plat est exquis, les saveurs que je découvre me transportent. La nourriture indienne populaire est excellente, mais la gastronomie offre quelque chose d'indescriptible, une expérience transcendantale. C'est ce plat, dont la recette est maintenue secrète, qui attire les célébrités du monde entier depuis plus de 200 ans.

Pour nous remercier, le dîner nous est offert. Nous partageons le repas tous les cinq, dans une ambiance décontractée. Issus de classes sociales élevées, ils font partie de la nouvelle génération ayant grandi avec l'accès à internet. Bien que ce soit derrière un écran, voir le monde avec un angle de vue différent leur a permis de se détacher de la pensée unique et de se construire une identité propre. Contre l'État religieux, contre les castes et contre toutes formes d'inégalités, ils cassent les schémas et portent le message de la jeunesse indienne assoiffée de liberté.

Avant de m'endormir, je décide de terminer la lecture de Kilomètre zéro[45] . C'est de retour en France, après son voyage au Népal, que Maud décide d'écrire son premier livre. Comme elle et pour la première fois, retracer l'un de mes voyages à travers l'écriture d'un livre prend du sens. Je décide d'écrire et partager « ce que j'ai compris afin de donner le choix à chacun de vivre dans cette même conscience. » (Kilomètre zéro).

14 mai : Udaipur - Jaipur 400 km. T : 2 978 km.

En quête de nouvelles aventures, c'est en stop que celles-ci continuent. Max est à pied et moi à vélo. À 9 heures, nous chargeons nos affaires dans un *rickshaw* pour quitter le centre. Il nous dépose au beau milieu d'une route, où aucun véhicule ne s'arrête. Intercepter les camions dans leur course est compliqué, alors nous avançons jusqu'à la prochaine intersection, 2 kilomètres plus loin. Nous interpellons chaque camion en criant « Jaipur, Jaipur ». À 11 heures, l'un d'entre eux entend notre message. Il charge le vélo sur la galerie et nous invite à

---

[45] Maud Ankaoua – Kilomètre zéro : le chemin du bonheur - Paris 2016

bord. Jaipur se trouve 400 kilomètres plus loin. Le GPS affiche sept heures de voiture.

Nous nous exclamons à la vue de la plus grande statue de Shiva au monde. Ses 112 mètres de haut la rendent visible à des kilomètres à la ronde et célèbre dans l'Inde tout entière. Notre chauffeur est musulman, il reste muet. Entre les haut-parleurs dans les rues, les bijoux, les tenues vestimentaires, les chants, les statuettes dans les véhicules et même des gigantesques statues, tout est bon pour exhiber ses croyances. C'est en voyageant dans un pays non laïc que je prends conscience de l'importance de la laïcité.

Lorsqu'un croyant baigne depuis son enfance dans un environnement religieux, pouvons-nous dire qu'il suit le chemin du divin uniquement par convictions personnelles ? J'en doute. Vivre dans un pays laïc ne nous protège pas de l'endoctrinement familial, mais nous avons au moins la chance de ne pas être influencés par l'État. Nous pouvons donc prendre un peu plus consciemment le chemin du divin si nous le désirons.

À 14 h 00, la faim se fait sentir. Sur une aire de repos notre chauffeur se nourrit de tabac à chiquer et de sodas ; nous préférons des *aloo paratha*[46] et de l'eau.

Il est 17 h 30, nous arrivons à Ajmer. C'est ici que Max nous quitte. Nous avons parcouru 250 kilomètres en six heures trente. En continuant sur cette lancée, nous devrions atteindre Jaipur vers 21 heures.

Une heure plus tard, nous nous arrêtons à nouveau. L'un des pneus est crevé. Heureusement, il y a toujours des réparateurs pour poids

---

[46] Galette farcie de pommes de terre et d'épices

lourds sur les aires de routiers. Ikbar, le mécanicien, démonte le pneu en quelques minutes. Soudainement, le temps se gâte et la pluie s'abat sur notre tête. Pour temporiser, nous partons à la cafétéria boire un *chaï*.

Deux heures plus tard, nous sommes toujours à la cafétéria, le temps commence à être long. Nous partons faire le point avec Ikbar dans sa maison, une tente de 4m² couverte d'une bâche en plastique soutenue par des bouts de bois. Il nous accueille au milieu de ses outils, de son lit une place et du pneu. À nous trois, nous comblons l'espace de vie. C'est ici qu'il travaille toute l'année pour pouvoir payer la scolarité de ses deux enfants restés avec leur mère à Bodhgaya, à 1 000 kilomètres à l'est.

Nous sommes tous en retard. Ikbar ne peut pas travailler et Idris va devoir rouler toute la nuit pour arriver à temps. Pourtant, tout le monde garde son calme et personne ne se plaint. Sans le savoir, ces deux hommes m'enseignent une grande vertu, celle de la patience.

Le temps passe et les chances que le temps s'améliorent sont maigres. Sous la pluie, les deux hommes se mettent au travail. À 22 heures, après une sincère accolade et le traditionnel selfie[47], nous reprenons enfin la route.

Une heure plus tard, rebelote, nous nous arrêtons à nouveau. Nous avons attendu pendant près de trois heures trente pour pouvoir réparer les pneus, mais ce n'est que maintenant qu'Idris décide de prendre sa pause repas.

---

[47] Les Indiens sont très friands des selfies.

À 1 h 45, nous venons enfin à bout des 400 kilomètres, soit après quatorze heures quarante-cinq de camion. Idris me dépose à la sortie de la ville et continue son chemin jusqu'à New Delhi, 300 kilomètres plus loin.

La nuit m'effraie. C'est à cette heure-ci que le chaos règne. Je m'engage pour les 10 derniers kilomètres jusqu'à ma chambre. Pour m'être perdu, je m'en inflige cinq de plus. Des chiens me prennent en chasse. Je m'engage dans un sprint pour les semer. Des dizaines de personnes dorment sur les trottoirs et sous les ponts. À ce moment, cela me déstabilise. Lorsque j'écris ces lignes, cela m'attriste encore, mes yeux pleurent.

C'est à 3 h 00 que je donne l'ultime coup de pédale. Il m'aura fallu dix-huit heures pour parcourir les 430 kilomètres qui séparent cet endroit de l'auberge de jeunesse de ce matin. Longue, mais riche d'enseignements, cette journée restera gravée dans ma mémoire. La fin est d'autant plus belle, car l'appartement dans lequel je m'apprête à passer la nuit appartient à une Française expatriée qui, désireuse de participer à mon aventure à sa manière, m'héberge gracieusement.

« Si le problème a une solution, il ne sert à rien de s'inquiéter. Mais s'il n'en a pas, alors s'inquiéter ne change rien. » Proverbe tibétain

15 mai : Jaipur, km 2 978.

Dès mon entrée dans le restaurant j'aperçois un bel homme à la peau bronzée et au visage mangé par une barbe mal taillée. Sa carrure imposante et sa tenue blanche en lin le démarquent des autres. C'est Shiv. Plus qu'un ami, je le considère comme un grand frère. Nous nous sommes rencontrés lors d'une retraite de méditation en 2019, à Dharamsala. J'avais tout juste 24 ans et lui 32. Sage, bienveillant et intelligent, il est pour moi une grande source d'inspiration. Nous avons voyagé ensemble, en Inde, mais aussi à l'intérieur de nous-même. Passer dix jours dans le silence et l'introspection crée une profonde connexion avec les personnes qui nous entourent. Nous ne parlons pas, nous ne croisons pas nos regards, mais nous nous comprenons. Avec plusieurs années d'introspection de plus que moi, Shiv est en avance sur le chemin de la connaissance de soi. C'est souvent lui qui me guide et qui m'amène à me poser les bonnes questions pour trouver les réponses dont j'ai besoin pendant les périodes compliquées de ma vie.

Notre dernière rencontre remonte à janvier 2022. L'Inde rouvrait tout juste ses frontières après deux ans de fermeture à cause du Covid-19. Je devais rester six mois en Inde, mais à mon arrivée, un visa d'un mois m'était délivré. Aux services des frontières, l'agent m'assurait une extension de visa. Les jours passaient, mais l'extension n'arrivait pas. Après trente jours, mon visa expirait. Chez Shiv et sans papiers, j'attendais les consignes de l'ambassade. M'acquitter d'une amende et quitter le territoire suffisait pour régulariser ma situation. Je m'envolais quelques jours plus tard pour le Sri Lanka où Shiv devait me rejoindre après quelques semaines.

À ce moment-là, le Sri Lanka côtoie la faillite. La perle de l'océan Indien est en crise économique depuis des années et 3 semaines après mon arrivée, les chaînes nationales annoncent une augmentation de 30% sur les produits de première nécessité du jour au lendemain. La situation est chaotique. Les roupies sri-lankaises perdent encore plus de leur valeur, le pays en vient à ne plus pouvoir importer de matières premières. Le gaz, le lait, le coton et même l'huile qui est utilisée pour faire tourner les centrales électriques ne sont plus approvisionnés. Les journées sans électricité se succèdent. Les citoyens se révoltent et renversent le pouvoir. Les Sri-Lankais, peuple à la bienveillance sans égale envers l'étranger, nous recommandent de quitter le pays en attendant que la situation s'améliore. Je rentre précipitamment en France et Shiv reste en Inde. Nos retrouvailles sont annulées. Je croyais que l'herbe était plus verte ailleurs, notamment dans les pays en développement. Finalement, la stabilité économique, politique et géopolitique de la France, bien qu'elles soient tristement bâties sur des injustices, ne sont pas de si mauvaises choses.

16 mai : Jaipur - New Delhi 296 km. T : 3 274 km.

La capitale du Rajasthan est mémorable. Jaipur et ses 4 millions d'habitants sont ceinturés par plusieurs forteresses construites au flanc des collines, reliées les unes aux autres par des kilomètres de murailles. Le cœur de la ville est animé. Il grouille d'humains, d'animaux et de véhicules. Même à cette saison, les touristes sont nombreux. L'histoire et l'architecture de la ville rose les attirent du monde entier. Partout on retrouve les sculptures, les *havelis*[48] et les fresques qui les recouvrent, les miniatures qui ornent les murs des palais, l'authenticité et l'originalité des portes. La beauté et la singularité de Jaipur se retrouvent partout.

Les immanquables sont nombreux. Il y a le Jal Mahal, un grand palais construit au milieu d'un lac, qui donne l'impression de flotter sur l'eau. Le Palais des vents, lui, est une énorme façade, haute de cinq étages, comptant 953 fenêtres, embellie par sa couleur rose et rouge et ses minutieuses finitions. À l'époque, n'ayant pas le droit d'être vues en public, c'est d'ici que les femmes du harem royal pouvaient observer l'activité dans la rue. Aujourd'hui, l'endroit est tristement devenu l'arrière-plan préféré des hordes « d'instagrameurs » qui arpentent les rues en quête du meilleur cliché. Ces meutes intrusives se sont emparées

---

[48] Maison du XVIIIème siècle construite de manière ingénieuse pour ventiler réguler la température à l'intérieur de l'édifice. Pour s'adapter naturellement aux fortes chaleurs de la région.

124

de l'authenticité des lieux. La richesse de l'histoire et de la culture est troquée pour une poignée de *likes* pour un cliché sur lequel ils n'oublient jamais de poser. C'est grâce à mon vélo, en me déplaçant doucement et loin de cette folie touristique, que j'ai la chance de découvrir la profondeur d'un pays qu'ils ne font qu'effleurer.

Chaque partie de la ville est époustouflante, mais à présent il est temps pour nous de reprendre la route. Nous nous téléportons de Jaipur à New Delhi en seulement quatre heures trente grâce à une deux fois quatre voies flambant neuve de 242 kilomètres, symbolisant la force ouvrière du pays, mais aussi ses inégalités. C'est une méga route construite par ceux qui ne pourront jamais l'utiliser, au profit d'autres, dont Shiv et moi, suffisamment aisés pour s'acquitter de 4,30 euros le ticket.

17 mai : New Delhi, km 3 274.

Shiv habite à New Rajendar Nagar, un quartier réservé aux classes moyennes. L'endroit est plus calme et plus propre que le reste de la ville. Mais, si bien des choses s'achètent, le ciel, lui, n'est pas à vendre. Lorsqu'on lève la tête, c'est un ciel gris, recouvert d'un épais nuage de pollution que nous découvrons.

Dans le parc du quartier, une quarantaine d'enfants suivent avec précision les consignes données par le professeur de karaté. Les infrastructures sportives sont quasi inexistantes dans tout le pays. Je n'avais encore jamais réellement pris conscience de la chance que nous avons d'avoir des terrains de football, basket, volley et même des piscines municipales pour pouvoir apprendre une multitude de sports durant notre enfance.

Shiv me propose de prendre un week-end pour rendre visite à sa famille, là où il a grandi, dans un petit village à 120 kilomètres d'ici. Si proche de Delhi et pourtant tellement en retard par rapport au développement de la capitale, il y a encore dix ans ce village n'avait pas d'accès à l'électricité.

Prendre le temps de profiter et d'accueillir les opportunités qui s'offrent à moi est agréable et enrichissant. J'apprécie de passer du temps avec Shiv, son frère et son colocataire qui sont aussi mes amis. J'apprécie aussi de me lever à 9 h 00 et ne plus souffrir du soleil. Une partie de moi est très satisfaite, changer mes plans et arrêter le vélo à Udaipur était une sage décision. Une autre partie de moi reste toujours agitée. Le feu brûle en moi, des messages me sont envoyés, mais je n'arrive pas encore à les déchiffrer.

18 mai : New Delhi, km 3 274.

Les deux États les plus au nord du pays sont le Jammu-et-Cachemire et le Ladakh. Srinagar est la capitale du premier et Leh celle du second. Lorsque j'ai commencé ce voyage, je pensais terminer ma course à Srinagar. C'était un choix stratégique, puisque le Jammu-et-Cachemire est moins montagneux que le Ladakh. L'autre chemin, vers Leh, me donnait la chair de poule rien qu'à y penser : 7 700 mètres de dénivelé positif sur les 427 derniers kilomètres avant d'atteindre Leh. Plusieurs cols doivent être franchis, dont un qui s'élève à 5300 mètres au-dessus du niveau de la mer.[49] J'avais donc opté pour la facilité.

Par inconscience ou une force mentale gagnée durant ce voyage, je m'imagine à présent capable de faire cette traversée jusqu'à Leh.

---

[49] En comparaison, le point culminant du Mont Blanc s'élève à 4 806 mètres d'altitude.

126

Lorsque j'y pense, mon corps s'emballe. Je ressens beaucoup d'énergie et mes mains deviennent brûlantes. À ce moment-là, sans trop savoir pourquoi, je sens que je dois le faire. Ce n'est pas ma tête qui parle, mais plutôt mon cœur.

Je n'ai aucune idée des risques associés à cette traversée. En revanche, je sais les avantages qu'elle m'offre par rapport à ce début de voyage. Avec l'altitude, la température ne dépassera pas les 25 degrés pendant la journée. Je pourrai donc avancer à mon rythme. Quand la fatigue me prendra, j'imagine que je n'aurai qu'à trouver un coin pour dormir chez un local qui acceptera de m'accueillir pour la nuit.

D'autre part, je sais que la beauté de cette route attire des motards du monde entier. Alors lorsqu'il ne me restera ni énergie, ni motivation pour avancer, c'est en contemplant ce qui m'entoure que je regagnerai la force de pédaler.

Satyaki, un cyclo-voyageur indien que j'ai rencontré sur les réseaux sociaux et qui se trouve actuellement à Leh, m'informe que l'un des cols est fermé à cause des fortes chutes de neiges récemment tombées. Il devrait rouvrir d'ici quelques jours. Sur les 427 kilomètres de haute montagne, les locaux ont l'habitude de recevoir des gens de passage alors, sur environ 200 kilomètres, les dortoirs sont faciles à trouver. En revanche, pour le tronçon de 250 kilomètres qui se trouve à plus de 4200 mètres de hauteur, la vie est compliquée et donc plus rare. Avec la neige, sans équipement ni organisation, ce tronçon s'avère périlleux si je ne planifie pas les étapes en avance. Je dois être sûr de pouvoir trouver un endroit où dormir avant la tombée de la nuit.

Je le sens, je le sais, je dois partir demain pour Manali, ville où débutent les 427 kilomètres de haute montagne afin de me rendre à Leh en vélo.

Je n'ai que dix jours devant moi avant l'arrivée de mon invité. Je vais alors me rendre à Manali en bus. Pour transporter mon vélo depuis la France j'ai récupéré un carton dans la poubelle d'un magasin de vélo. Ici, je dois le racheter pour l'équivalent d'un euro. Les déchets ne sont peut-être pas traités en Inde, mais tout est réutilisé à de nombreuses reprises.

Avant de quitter Delhi, je fais une escale dans le sud de la ville pour rencontrer Angélique, la correspondante de France Télévisions en Asie, ainsi que son équipe. Moi qui suis d'un naturel méfiant avec les chaînes de médias de masse et ses journalistes, Angélique vient casser mes a priori. Je découvre derrière son étiquette de journaliste une femme gentille, douce, qui me semble sincère et remplie d'amour envers son prochain.

Shiv me remet entre les mains du chauffeur de bus pour les treize prochaines heures de voyage jusqu'à Manali. Une nouvelle page se tourne. Je laisse derrière moi les 31 millions d'habitants de la capitale et son agglomération, la fournaise de l'été, la pollution ambiante et son odeur d'œuf pourri pour la solitude et l'air frais des montagnes.

Troisième partie :

__20 mai : 51e jour. Manali, km 3 844.__

La fenêtre du bus est très froide et remplie de buée. J'y frotte ma manche et découvre le ciel bleu et les montagnes de l'Himalaya. Enfin, nous y sommes, dans la chaîne la plus connue et respectée de toutes. Elle accueille dix des quatorze sommets à plus de 8 000 mètres d'altitude sur le globe, dont le mythique mont Everest et ses 8 849 mètres de hauteur. Instantanément, je me sens libre et léger.

C'est l'air frais et pur qui m'accueille à la sortie du bus. Quelques taxis me souhaitent la bienvenue et m'aident à remonter mon vélo. Leur sourire est radieux, leur joie est contagieuse.

Cet accueil m'interpelle. J'ai l'impression que c'est la première fois que l'on me reçoit ainsi depuis le début du voyage. Je sais pourtant que les Indiens du sud sont eux aussi très chaleureux. La rigueur et la maîtrise que je me suis imposé durant les premières semaines ont-elles eu sur moi un effet miroir, m'empêchant de voir les choses telles qu'elles sont réellement ? Ne me suis-je pas inconsciemment enfermé dans une bulle créée à partir de cette attitude ?

La route est en excellente état. La ville est grande et les infrastructures nombreuses. Quelle surprise de voir un tel développement à 2 000 mètres d'altitude en Inde. Étant facilement accessible, l'endroit est visité par plus de 2 millions de touristes chaque année[50]. La saison n'a pas encore commencé car à cette période il fait encore trop froid. Je partage un dortoir et ses quatorze couchages avec une seule personne. Vive la basse saison.

À la vue de mon vélo, les locaux m'accueillent avec beaucoup de respect. En avance sur la saison, je suis le premier cyclo de l'année. Cela ne me rassure pas vraiment, mais je laisse mes peurs de côté. Pour commencer à m'adapter à l'altitude, ils me conseillent de partir dès demain en direction du col qui est encore bloqué.

Pour l'instant, l'altitude ne semble pas m'affecter sur le plat, mais en montée, mon rythme cardiaque augmente rapidement. Pour m'abreuver, je peux enfin boire l'eau du robinet. Arrivant directement de la montagne, aucun industriel ni local n'a encore eu le temps de la contaminer.

Le nord du pays se différencie aussi culinairement. Ici, l'un des plats les plus mythiques est le *Dal Makhani*. C'est une variante du *dalh* qui associe aux lentilles noires des haricots rouges, de la purée de tomate, du beurre ainsi que les immanquables épices. La journée est belle, cette partie du voyage semble très prometteuse.

21 mai : Manali - Sissu 40 km. T : 3 884 km.

Je me lève sans réveil à 8 h 30 pour démarrer à 11 h 30. La température est agréable, elle avoisine les 20 degrés. Je n'ai absolument aucun plan, je ne sais pas où je vais dormir cette nuit, mais je me sens libre et je n'ai besoin de rien de plus.

---

[50] À titre comparatif, Val Thorens, la plus haute station d'Europe, qui se situe à 2 300 mètres d'altitude accueille « seulement 300 000 » vacanciers à l'année.

Les premiers coups de pédale m'essoufflent. Avec l'altitude, il est difficile pour le corps d'assimiler l'oxygène. Virage après virage, je découvre une nouvelle montée. La nature m'impose de ralentir, j'entends son appel. Après quelques kilomètres, je trouve ma vitesse de croisière : environ 8 kilomètres à l'heure en montée. À cette allure je ne vais pas vite, ce qui me permet de pouvoir profiter pleinement de cet environnement qui ne demande qu'à être contemplé. Sous mes yeux se dressent des armées de sapins et plus loin, dans les hauteurs, la neige qui recouvre la montagne d'un joli drap blanc.

Ce rêve est mis entre parenthèses le temps de traverser un tunnel. Les ventilateurs ne fonctionnent pas, l'échappement des véhicules stagne à l'intérieur. L'air est tellement pollué que je n'y vois pas à plus de 100 mètres. L'envie de vomir me prend et la panique suit. Les couches de vêtements devant ma bouche filtrent l'air mais m'empêchent de respirer correctement. Je m'efforce de croire que tout est sous contrôle pour arriver au bout de ces 8 kilomètres d'agonie.

Je me retrouve au cœur d'une vallée, à 3 300 mètres d'altitude, entouré de montagnes qui s'élèvent à plus de 4 500 mètres de hauteur. L'air est à présent beaucoup plus froid, la neige beaucoup plus proche. Une longue route sinueuse longe le plateau jusqu'au prochain village où j'espère trouver un coin pour dormir.

Chercher une chambre sur internet en se fiant aux avis crée des attentes et je n'en veux pas. À l'entrée du village, des pancartes indiquent la présence de chambres d'hôtes. La première que je trouve m'offre l'hospitalité pour 8 euros. À la nuit venue, les températures chutent vite. Pour me protéger, j'enfile tous mes vêtements : un T-shirt, un pull, une veste anti-pluie, un cache-cou et un legging en guise de pantalon.

L'unique rue qui traverse le village est déserte. Au milieu des habitations, abritée par quelques planches de tôles, une famille de Népalais sert des repas. Le père assure le service, la femme et deux enfants sont en cuisine pendant que le petit dernier, à peine âgé de 4 ans, s'occupe avec un smartphone.

L'un des deux clients me reconnaît "you are the cyclist, how could you come here on your bike ? Come in and sit here, you are a guest in our country we must take care of you"[51].
Leur accueil me réchauffe le cœur, la bouteille de whisky qu'ils descendent leur réchauffe le corps.

Les infrastructures sont de plus en plus sommaires. Ici, il fait aussi froid dehors que dans ma chambre. Ce manque de confort m'anime, l'intensité m'aide à savourer les choses simples. Recouvert de trois énormes couettes, je profite du simple plaisir d'avoir chaud.

22/05 : Sissu - Keylong 31 km. T : 3 915 km.

Parce qu'elle est rare, les locaux récupèrent l'eau de pluie pour la réutiliser. Ils l'utilisent pour arroser le potager ou pour faire la vaisselle. Ce n'est qu'après en avoir bu un demi-litre que mon hôte m'avertit qu'ici, l'eau du robinet provient du conteneur qui stocke l'eau de pluie. L'eau y est verte et la surface est recouverte d'une épaisse couche de mousse. Par chance, je n'avais pas de verre pour boire, alors je me suis servi de ma gourde filtrante. Je vais enfin savoir si elle fonctionne aussi bien que ce que prétend le vendeur.

---

[51] Tu es le cycliste, comment as-tu pu arriver jusqu'ici en vélo ? Viens et assieds-toi ici, tu es un invité dans notre pays nous devons prendre soin de toi.

Je passe la journée à plus de 3 000 mètres d'altitude à observer les quelques forêts de pins qui arrivent à survivre. Plus haut, la neige est encore plus épaisse et j'aperçois déjà quelques glaciers.

Chaque virage m'offre une nouvelle surprise, chaque descente me permet de tout lâcher et chaque montée me permet d'honorer la nature en lui donnant un peu de moi-même. Je ne suis qu'un nouveau-né qui découvre le monde pour la première fois. Un tout petit être à la merci de cet environnement aussi splendide qu'hostile.

La route sur laquelle je me trouve mène à Leh et nulle part ailleurs. Pendant plusieurs centaines de kilomètres, je ne peux ni tourner à droite, ni tourner à gauche. Je n'ai qu'à avancer sans avoir à me soucier d'un éventuel changement de trajectoire. Alors je pédale et je me laisse aller. Plus je m'y enfonce, moins l'être humain est présent. Je traverse quelques villages, ici et là, où je trouve de quoi me nourrir, puis je continue mon chemin dans le silence de la montagne. Riche de temps, j'ai le luxe de m'abandonner à l'ombre d'un arbre pour faire une sieste.

Encore plus rustique que la veille, le dortoir se résume à trois lits une place et deux chaises en plastique. Les matelas sont aussi durs que la dalle en béton sur lesquels ils sont posés et l'isolation est inexistante. Le sol est recouvert d'un lino marron, les murs sont bleu clair, les rideaux sont rouges et bordeaux et les couvertures mélangent des motifs multicolores.

D'après certains locaux le col est enfin ouvert, pour d'autres il est toujours fermé. Demain, je pourrais continuer ma route jusqu'à Darcha, 33 kilomètres plus loin. Si le col est encore fermé, les gardes m'empêcheront de continuer mon chemin.

Attaché et dépendant de mon téléphone malgré moi, je l'utilise pour chercher un restaurant pour dîner. Cela m'effraie. Comment puis-je encore penser à l'utiliser en étant si loin de la civilisation moderne ? Les automatismes semblent être plus profondément ancrés que ce que je l'imaginais. J'ai parfois l'impression que cette boîte noire est devenue la continuité de ma main et pire encore, de mon cerveau. Je me promets alors de demander aux locaux des adresses pour ne plus avoir à l'utiliser, ou tout simplement suivre mon intuition.

23 mai : Keylong - Darcha 32 km. T : 3 947 km.

Trempé et pris de panique, un cauchemar me réveille en pleine nuit, au moment où j'allais mourir.

Au matin, mes idées se sont éclaircies : c'est la première fois que je me sens profondément vulnérable. Je conscientise le fait que face à cette montagne je ne suis rien et que ce n'est pas qu'une question de mental. Courir un marathon c'est une chose, pédaler sous 40 degrés en est une autre, mais pédaler dans l'Himalaya en est encore une autre. Je ressens des émotions fortes, mêlant admiration pour la beauté de cet environnement et prise de conscience de la fatalité qu'entrainerait un faux pas, self control ou pas, en étant seul et sans équipement. La haute montagne est dangereuse et les cartes ne sont pas toutes entre mes mains. À plus de 4 000 mètres d'altitude, un changement soudain de météo, une chute ou encore le manque d'oxygène pourraient me mettre dans une mauvaise situation. Qui plus est, le réseau téléphonique est inexistant et la vie humaine plutôt rare.

Je n'avais jamais ressenti de telles craintes. Elles jouent le rôle d'un miroir géant et me permettent d'apprendre beaucoup sur moi. Maintenant que c'est clair, que j'accepte ma vulnérabilité face à la nature, le risque, l'instabilité du futur et que je lâche prise, mes doutes et mes peurs se dissipent naturellement un à un.

J'écoute les conseils du manager de l'hôtel en me procurant une bouteille d'oxygène et des cachets pour le mal de montagne. Cela me donnera quelques heures pour redescendre en altitude et trouver un hôpital en cas de problème. Il me rassure au sujet de l'hébergement. Plusieurs camps sont installés sur la route avec 50 kilomètres d'intervalles maximum.

Les magasins et restaurants se succèdent sur l'unique route qui traverse le village. Comme dans tous les endroits reculés du pays, les gérants travaillent à leur rythme. Ils sont assis devant leur boutique, discutent avec le voisin, boivent du *chaï*, écoutent des chants religieux ou jouent aux échecs. Les femmes, elles, restent à la maison pour s'occuper du foyer. Ici, les gens se contentent de ce qu'ils ont. Le matérialisme ne s'est pas encore accaparé l'esprit des montagnes.

Pour m'alléger en vue de ce qui m'attend, j'emballe dans un colis les bagages qui ne me sont pas vitaux, pour les envoyer directement à Leh. Le postier refuse de prendre mon colis car l'emballage n'est pas conforme. C'est pourtant l'emballage d'un colis que j'ai reçu à New Delhi quelques jours plus tôt. J'essaie de discuter, mais cela ne fonctionne pas. Je décide alors d'agir comme un Indien le ferait. Je lui mets quelques billets à hauteur des frais d'envoi dans les mains tout en lui répétant que cet emballage est conforme et que je n'ai rien d'autre à proposer. C'est ainsi et pas autrement. Lui et ses deux collègues me regardent avec un sourire jusqu'aux oreilles, ça y est, nous nous sommes compris.

Les conditions météorologiques sont excellentes. Il fait une vingtaine de degrés avec un joli ciel bleu. Je rêve de rouler torse nu pour sentir l'air sur ma peau, mais à cette altitude le soleil est très nocif. À cause du manque de précaution de la veille, j'ai déjà les bras rouge vif, les épaules cloquées et les mains très gonflées.

Un poste de contrôle est établi au milieu de la route. Le col est encore bloqué par la neige. Je m'arrête au village pour y passer la nuit en espérant que les nouvelles soient meilleures demain.

Acho, un homme de mon âge encore plus petit que moi et à la peau abîmée par le soleil m'accueille dans sa maison qu'il vient tout juste de transformer en chambre d'hôtes. Casquette de basketteur L.A., lunettes stylées à grands carreaux, jogging et baskets, mon nouvel hôte a tout du mec « cool ». Dans le dortoir, les matelas sont posés à même le sol. La douche et les toilettes se trouvent dehors. L'eau est chauffée à l'aide d'une résistance électrique que nous positionnons directement dans le seau. Plus le confort est limité, plus les choses simples s'apprécient. À la nuit tombée, y a-t-il quelque chose de plus satisfaisant que d'être au bord du feu, un bol de soupe entre les mains ?

24 mai : Darcha, km 3 947.

La journée commence avec un _chaï_ que Acho et moi savourons depuis la fenêtre de sa chambre. Construite dans les hauteurs, sa maison nous offre un magnifique panorama. _Maroon 5_ au haut-parleur du téléphone et _bédo_ à la bouche, mon hôte est en train de planer. Dans la vallée qui nous fait face se trouvent les vingt-sept autres maisons qui constituent le village. À gauche, la rivière et son eau transparente transperce un gigantesque plateau rocheux entouré de montagnes qui montent à plus de 4 000 mètres de haut. À droite, se trouve une longue route sinueuse qui gravit la montagne jusqu'à disparaître dans les profondeurs du décor. C'est elle qui va me mener jusqu'à Leh. Au moment de passer ce flanc de montagne, je serai livré à moi-même, seul et sans internet, à plus de 4 200 mètres d'altitude et pendant environ 280 kilomètres. Après ce tronçon, il me restera 50 kilomètres à 3 300 mètres d'altitude pour arriver jusqu'à Leh.

J'observe cette route avec un calme déroutant. Je ne la crains plus. J'ai foi en la nature. Je serai vigilant, elle saura m'avertir. Je resterai à son écoute et elle prendra soin de moi. J'aimerais m'y rendre dès aujourd'hui car mon invité arrive dans cinq jours et le temps presse, mais le col est toujours fermé. Je dois patienter.

Dans ce pays où des millions d'hommes n'ont encore jamais touché une casserole de leur vie, voir Acho aider sa sœur en cuisine est agréablement surprenant. Je me joins à eux, avant de partager de délicieux *dhakurs*[52] faits avec des aliments du village.

Acho a tout autant de temps libre que moi, alors nous passons l'après-midi ensemble à nous balader en scooter. Toute l'activité humaine se concentre autour du point de contrôle. Quelques *dhabas* y sont installés pour les touristes de passage et pour les camionneurs qui attendent l'ouverture du col depuis des jours. Acho vient ici régulièrement pour observer une serveuse. C'est la seule fille de son âge du village et sa timidité le freine. Ce n'est que de ses yeux qu'il touche celle qu'il aime tant.

25 mai : Darcha, km 3 947.

Acho me sort du lit avec un *chaï*. Derrière le rideau, une moitié du ciel est recouverte d'un bleu éclatant, l'autre d'un gris opaque. Dehors, la météo est menaçante, mais à l'intérieur de moi-même, elle brille de mille éclats. En cuisine, Acho et sa sœur Shubham sont déjà aux fourneaux. Si l'homme est autorisé dans la cuisine, l'invité doit l'être aussi. Je me colle à la vaisselle. Le mur de neige qui bloquait la route a

---

[52] Un genre de pancake himalayen.

enfin été détruit. Ce matin, une voie vient de rouvrir, les véhicules provenant de Leh en direction de Manali sont autorisés à rouler. Demain ce sera l'inverse.

Aujourd'hui, l'emploi du temps est chargé. Acho doit amener un de ses amis dans un garage pour réparer sa moto. Je reste à la maison pour réfléchir à la suite du voyage, car si la route est enfin ouverte, les cinq jours de neige prévus à la météo ne sont pas de bon présage. Mon invité arrive dans quatre jours, je dois continuer d'avancer.

D'après une carte, six campements sont installés sur les 280 prochains kilomètres avec 25 à 50 kilomètres d'intervalles. L'altitude moyenne avoisine les 4 400 mètres d'altitude et les deux plus hauts cols à franchir sont à 4 650 et 5 328 mètres. Mon équipement contre le froid se résume à un legging, une veste contre le vent, un pantalon et un manteau de ski que Acho peut me prêter. Sans connaissance de la haute montagne, avec un équipement si maigre et des prévisions météorologiques si mauvaises, m'engager dans cette traversée s'apparente à un suicide. La décision est amère, mais je dois me rendre à l'évidence, cette partie à vélo est définitivement trop dangereuse.

26 mai : Darcha - Leh 328 km. T : 4 275 km.

L'annonce du déneigement de la route s'est propagée à grande vitesse. De la maison j'aperçois le poste de contrôle où, depuis la veille, plus d'une centaine de camions patientent. Quelques véhicules arrivent encore en provenance de Leh. À l'arrivée du dernier, le sens changera et la route en direction de Leh ouvrira. Avant mon départ, Acho me laisse ses vêtements chauds et puisque nous sommes amis, il m'invite à payer ce que je souhaite pour les trois nuits d'hébergement.

Au point de contrôle, Acho demande au garde d'arrêter un véhicule pour m'embarquer jusqu'à Leh. En cinq minutes, le tour est joué. Le vélo se retrouve sur la galerie du 4 x 4, le conducteur, deux personnes côté passager, quatre sur la banquette arrière et moi dans le coffre. Si tout se passe normalement, les 330 kilomètres devraient être parcourus en six heures. L'arrivée est donc prévue pour 16 heures.

Nous nous enfonçons dans la montagne, le réseau téléphonique devient inexistant. La route est sinueuse et la conduite sportive du chauffeur me donne envie de vomir. Au bout d'une heure, nous nous retrouvons à l'arrêt. Autour de nous il n'y a que de la neige, partout, et une file de voitures arrêtées à perte de vue.

Les minutes passent, mais la situation n'évolue pas. Je repense alors à cette Française qui m'a raconté sa nuit passée dans la voiture. Elle était bloquée deux ans plus tôt au même endroit, à cause d'une tempête de neige. Elle était sans nourriture, à 4 300 mètres d'altitude avec −10 degrés. Le froid l'empêchait de dormir et la forçait à rester à l'intérieur du véhicule. J'espère être un peu plus chanceux. Le calme règne, les automobilistes semblent confiants.

Le silence se brise à l'approche de chutes de pierres. Tout le monde se met à crier, l'un des automobilistes tente de sortir son véhicule de la file à toute vitesse. Il perd le contrôle, percute les deux motos stationnant derrière lui, pour finalement recevoir deux énormes pierres sur la partie latérale de sa voiture.

D'après un des chauffeurs, des véhicules arrivent encore en sens inverse, mais la neige limite l'espace pour circuler. Les camions venant de Leh ne peuvent plus continuer à descendre. Les camions allant à Leh n'ont pas la place pour passer. Tout le monde est à l'arrêt. Un convoi militaire serait en train de déneiger la route.

À 11 heures, un couple indo-belge passe devant moi à vélo. Les militaires les ont informés ; tous les véhicules vont passer la nuit ici. Sans hésitation, je récupère mon vélo et décide de me joindre à eux. Je n'ai pas de plan, mais je refuse de rester planté ici.

L'espace est tellement restreint que même à vélo, nous prenons parfois une demi-heure pour se frayer un chemin entre deux camions. En deux heures, nous parcourons environ 1 kilomètre. Le temps passe, la faim et la soif se font sentir, mais nous n'avons ni nourriture, ni eau.

Vers 14 heures, nous rejoignons la tête du peloton. C'est un convoi militaire. Certains cuisinent dans leur camion, nous offrant de l'eau et une partie de leur repas. Après le ravitaillement, l'un d'entre eux décide de nous aider. Il ordonne aux chauffeurs d'avancer ou de reculer de quelques centimètres pour nous créer un passage. Sous les cris et les grands gestes, les chauffeurs s'exécutent.

Grâce à lui, nous parcourons en une heure plus de kilomètres que nous en avons parcouru en trois heures et nous dépassons enfin les embouteillages. En selle, nous continuons l'ascension du col jusqu' au panneau « Baralacha La pass, altitude 4 850m ».[53]

Je me retrouve à vélo au-dessus du plus haut sommet d'Europe[54]. Je me sens exister, avec une profondeur que les mots ne pourraient exprimer.

Le temps se gâte. Malgré une tempête de neige en approche, mes deux compagnons s'arrêtent à de nombreuses reprises pour capturer des images du spectacle que nous vivons. Ils sont peut-être assez équipés

---

[53] Col du Baralacha La, altitude 4 850 mètres.
[54] Mont Blanc, 4 806 mètres.

pour y faire face, mais moi je ne le suis pas. Je décide de continuer seul mon chemin. Mon plan est simple : soit je trouve un refuge pour dormir, soit je trouve un véhicule pour m'amener jusqu'à Leh.

Parfois je traverse des plaines qui sont complètement blanches, me donnant l'impression d'avancer dans les nuages. D'autres fois je traverse des murs de neige, si hauts et étroits qu'ils m'empêchent de voir une partie du ciel. N'ayant aucune emprise sur cet environnement, je laisse la vie décider de mon destin. Dans un profond lâcher prise, je continue mon chemin sans vraiment savoir où aller. J'avance vers l'inconnu, en espérant aller plus vite que la tempête de neige qui s'approche dans mon dos.

Vers 17 heures, la nuit approche et quelques véhicules commencent enfin à sortir de l'embouteillage. J'arrête la première camionnette qui passe. Le chauffeur me demande l'équivalent de 20 euros. Il repart seul. Le second véhicule intercepté est un pick-up. C'est en bon religieux pèlerin qu'il me rend service avec plaisir.

À la vitesse à laquelle Ekam roule, nous devrions atteindre Leh dans la soirée. Ça y est, maintenant qu'il n'y a plus d'embouteillages, j'imagine enfin mon arrivée dans l'auberge. Je prendrai une bonne douche chaude avant d'aller me blottir sous les draps après cette longue journée de voyage.

Le manque d'eau et l'altitude me donnent de fortes migraines. Je me concentre sur ma respiration pour essayer de me détendre et calmer mes douleurs.

Nous rattrapons quelques camions de l'armée qui roulent à faible allure. Ekam double l'un d'entre eux à l'entrée d'un virage et se rabat dangereusement pour ne pas sortir de la route. Le chauffeur du camion perd le contrôle et se retrouve dans un mur de pierre. De nous deux, je suis le seul à être surpris. Nous continuons notre route, comme s'il ne s'était rien passé.

À 19 heures, mes espoirs de dormir à Leh s'effondrent lorsque nous nous arrêtons dans un des campements installés pendant l'été pour permettre aux voyageurs de se nourrir et de se reposer pour la nuit. Ekam roule depuis 4 heures du matin. Il se sent trop fatigué pour continuer. Ce village s'appelle Pang, je l'ai noté dans mon carnet, cela signifie que nous sommes à 170 kilomètres de Leh et à 4 500 mètres d'altitude.

Je pourrais dormir ici et repartir avec Ekam dès demain matin, mais mes migraines s'intensifient. Ce sont les premiers symptômes du mal des montagnes. Pour qu'elles cessent, je dois redescendre en altitude. Si je reste ici, je m'expose aux possibles violents épisodes de vomissements. Avec les chutes de neige prévues, passer la nuit ici c'est aussi prendre le risque de rester bloqué plus longtemps.

Le soleil se trouve derrière les montagnes, les températures descendent très vite. La nuit, elles descendent à −10 degrés. Avant de repartir, je me réchauffe avec un thé dans un des refuges. Ce sont des maisonnettes ou des cabanes faites de tôles, bâties à même le sol. Très rudimentaires, elles s'organisent autour d'une pièce commune et d'une cuisine.

En une heure, trois voitures me passent devant. Elles sont toutes pleines. Il est 20 heures, il fait nuit noire et les températures continuent de chuter drastiquement. Un camion est stationné à la sortie du « village ». Les deux derniers voyages en camion ont été longs, très longs, alors l'idée ne m'emballe pas, mais par manque de choix je m'y contrains.

Dans la cabine je découvre deux jeunes de mon âge. Je leur explique le projet avec des gestes et un hindi plus qu'approximatif. Sans hésitation, ils me répètent *« OK bhaiya OK bhaiya »*[55] puis chargent mon vélo sur la galerie.

Avant de partir, nous partageons un *chaï* dans un refuge avec deux autres camionneurs. Je ne comprends rien, mais on rigole tous. Le langage des signes et la bienveillance sont universels. Au moment de payer, l'un d'entre eux règle la note. Ils ne me connaissent pas, ils me prennent dans leur camion et ils ne me laissent même pas les inviter pour le thé. Je suis stupéfait.

Dans le camion, l'ambiance est très décontractée. Je n'ai toujours ni à manger, ni à boire. Ils partagent avec moi tout ce qu'ils consomment : des snacks, des bonbons, de l'eau et même des *bidis*[56] que j'accepte volontiers malgré le fait que je ne sois plus fumeur depuis longtemps. Les phares nous offrent une visibilité qui se limite à la route que nous empruntons et aux murs de neige que nous transperçons. J'observe le spectacle et je suis émerveillé par ce que je vois, par ce que je vis.

L'état de fatigue dans lequel je me trouve et la force des choses qui m'a empêché de faire ce que je voulais, m'amènent à un lâcher-prise encore plus profond que pendant l'après-midi. Je me sens extrêmement léger, en parfaite harmonie avec moi-même et mon environnement. Je n'ai plus aucune pensée. Je suis présent, complètement présent. Il n'y a ni futur, ni passé, ni désir, ni aversion. Il y a juste ce qui est, maintenant. Je ressens un flux de sensation extrêmement agréable. C'est une expérience qui est au-delà du physique, difficilement descriptible avec les mots. D'après mon expérience, ce qui s'en rapproche le plus serait

---

[55] OK mon frère, OK mon frère.

[56] Des cigarettes locales constituées de tabac haché et non traité.

un profond lâcher-prise après plusieurs journées de méditation, un trip psychédélique, le réveil de la *kundalini*, le *bang*, ou l'orgasme sexuel.

Vers 22 heures, nous franchissons le col du Tanglang La. Depuis ses 5 328 mètres, c'est le plus haut col de cette traversée et l'un des plus hauts du monde. À présent, nous n'allons faire que descendre. Ce versant de montagne est rocailleux, le camion est chargé de plusieurs milliers de kilos de riz et le système de freinage est certainement plus âgé que moi. Nous roulons au pas.

Le camion toujours en marche, Mandyal décide de se mettre au fourneau[57]. Casserole, bouteille de gaz, réchaud et aliments, ce camion est une cuisine ambulante. Pendant que nous cuisons le riz dans une marmite, nous faisons revenir dans l'autre des oignons, de l'ail, du cumin, du piment, de la coriandre, du gingembre et du curcuma avant d'y ajouter les lentilles.

Nous arrivons vers 1 h 30 du matin à Upshi, un village situé à 3 400 mètres d'altitude. C'est ici qu'est installé l'autre point de contrôle, mis en place pour gérer les entrées et sorties afin d'éviter les embouteillages du matin. Les 280 kilomètres à plus de 4 200 mètres sont maintenant derrière nous. Pour fêter ça, nous partageons ce magnifique dal de lentilles cuisiné avec amour. Après seize heures trente de jeûne forcé, je m'empiffre de deux énormes assiettes, ma main en guise de couvert.

Nous sommes à 50 kilomètres de Leh, donc nous devrions arriver rapidement.

---

[57] L'espace de la cabane dans ces camions est plus grand que celui des camions que nous avons en France.

À la fin du repas, Mandyal sort du placard des grosses couvertures. Je comprends que nous allons dormir ici. Allongé tous les trois, l'espace est restreint, nous sommes collés les uns contre les autres. Ce n'est pas ce dont je rêvais, mais je me sens comblé. Ils me transportent, me nourrissent et m'offrent même un espace pour dormir alors que quelques heures plus tôt, nous ne nous connaissions pas encore.

Pour atteindre Leh à 7 h 00, nous reprenons la route aux premières lueurs du jour. Après de tels moments, les adieux sont difficiles. Un dernier *chaï* nous offre trente minutes de plus à passer ensemble. À voyager léger, je n'ai emporté aucun souvenir. Pour les remercier, je tente de leur donner de l'argent pour qu'ils l'utilisent dans un restaurant autour d'un bon repas chaud en honneur à notre rencontre. Ni l'un, ni l'autre n'acceptera la moindre roupie.

Dans le cœur de la ville, je m'arrête pour prendre un café. À l'intérieur, les deux clientes échangent sur la retraite de méditation Vipassana qu'elles viennent de terminer. Le Ladakh est réputé pour la spiritualité. C'est pour cela que je suis venu ici. Nous partageons le café tous les trois.

Tout à coup, un homme rentre dans le café et s'exclame *« Marceau »*. Quelle coïncidence, c'est Satyaki, le cycliste Indien qui m'a donné des informations concernant la route Manali - Leh. Il a reconnu mon vélo grâce au drapeau de la France qui y est accroché. Il revient à Leh pour se reposer après un *roadtrip* de quelques jours, plus haut dans les montagnes. Par hasard, nous avons réservé un lit dans la même auberge de jeunesse.

À 9 h 30, je suis à l'auberge. Il m'aura fallu plus de vingt-quatre heures pour accomplir les 330 kilomètres qui séparent le village d'Acho de Leh. Un long voyage pour une si courte distance, rendu si beau par l'entraide de tous ceux que j'ai rencontrés en chemin. Une rapide douche m'expédie directement dans le lit et pour une bonne partie de la journée.

Le soir, le *chaï* est l'occasion parfaite pour les voyageurs de se rencontrer. Un scientifique russe est en vacances pour découvrir le nord du pays à moto. Deux Indiens et un Italien sont ici pour la marche. Shino, la Japonaise, est là pour approfondir ses connaissances en yoga et méditation. Puis il y a Satyaki, l'Indien à vélo à la peau si foncée que certains voyageurs le prennent pour un Africain. L'Inde est si grande, les physiologies sont très variées. Lui vient de Calcutta, une ville à 2 500 kilomètres de Leh.

Ici, le confort est rudimentaire et le matérialisme n'a pas sa place. Ils sont laissés pour la montagne, l'introspection, la solitude et la paix, en somme tout ce que nous, étrangers, venons chercher au Ladakh. Le contact entre voyageurs est facile et les discussions sont très enrichissantes.

Shino est arrivée dans l'après-midi depuis le Japon et pour elle la soirée est écourtée. Son métabolisme n'accepte pas ce soudain écart d'altitude et le Diamox[58] qu'elle a avalé ne suffit pas pour la tenir sur pied. Pâle, cernée et nauséeuse, elle est forcée d'aller se coucher.

28 mai : Leh, kilomètre 4 275

Cela fait maintenant cinquante-neuf jours que je suis parti de France.

---

[58] Médicament pour le mal des montagnes.

Chaque jour le voyageur découvre de nouveaux paysages, de nouvelles cultures, des manières de vivre et des façons de penser. Il apprend des autres, s'ouvre au monde, tout autant qu'il apprend de lui-même. Le voyageur quitte la sédentarité pour avoir, le temps d'un voyage, le privilège d'être libéré de toute responsabilité, de tout engagement. Il avance, dans l'incertitude du jour suivant, en sacrifiant confort et vie de famille. Seul, il doit être courageux et trouver l'énergie nécessaire pour garder la foi en ce qu'il fait. Si les avantages de l'itinérance sont nombreux, les moments d'infortune existent tout autant. L'itinérant doit apprendre à côtoyer ses peurs, ses doutes et le manque qu'il éprouve pour les gens qu'il aime. Le 28 mai est le jour d'anniversaire de Lucile, la fille dont je suis amoureux et avec qui je partage une partie de ma vie depuis presque un an maintenant. En ce jour, c'est dans mes bras, que j'aimerais lui dire que je l'aime. Ce moment aura lieu, mais nous devons encore patienter pendant un mois.

Cette partie du pays semble profondément différente. Leh est situé à 3 500 mètres d'altitude et même à cette hauteur, nous sommes entourés de montagnes plus hautes les unes que les autres. Les rues sont plus propres et plus silencieuses. L'air que nous respirons n'est pas mauvais pour la santé. Les locaux sont typés comme les montagnards avec des têtes carrées et les pommettes marron foncé, brûlées par le soleil. Ici, le « *Namaste* » est remplacé par « *Julley* »[59], souvent accompagné d'un joli sourire, mains jointes au niveau du torse en signe de respect. Le bouddhisme tibétain est la religion dominante, mais les musulmans sont, eux aussi, fortement représentés. Ces derniers remplacent le « *Julley"* » local par « *Salam aleykoum* ». Les hindous et les sikhs[60] sont en minorité.

---

[59] Signifie plus vastement bonjour, merci, bienvenue.
[60] Religion monothéiste dérivée de l'hindouisme.

Le dénivelé et le froid rendent la vie difficile. Les locaux vivent entre eux pour éviter l'isolement. Dès que l'on sort de la ville de Leh, tout devient plus sommaire. Seulement trois routes sont construites. Au sud, une route mène à Manali, puis New Delhi. C'est celle que j'ai prise pour venir. Vers l'ouest, une autre route mène au Jammu-et-Cachemire, une région musulmane en perpétuel conflit avec l'État Indien qui refuse de laisser ses terres au pays voisin, le Pakistan, qui partage la même culture et la même religion. Au nord, une longue route sans issue, longue d'environ 200 kilomètres. Elle traverse différents lieux prisés par les touristes et prend fin à l'entrée du Pakistan, à quelques pas du K2, le deuxième sommet le plus haut du monde.[61] Ces trois axes principaux sont ouverts de mai à octobre uniquement. Le reste de l'année, la neige bloque l'accès par voie terrestre. Seul résiste l'accès par voie aérienne. La région se retrouve encore plus isolée du monde.

L'après-midi est marquée par ma rencontre avec Jess, une Belge qui vit ici, dans une grande maison, avec ses trois enfants, son mari ladakhi et sa belle-famille. Jess est une grande femme blonde, très gentille et particulièrement drôle. Le mari étant l'aîné de sa fratrie, la tradition veut qu'il prenne soin de ses parents lorsqu'ils deviennent âgés. C'est pour moi l'occasion de passer un bon moment tout en apprenant sur cette partie du globe. Cette rencontre me réchauffe le cœur.

En raison de son altitude, le climat du Ladakh est extrêmement sec et froid. L'hiver, la température nocturne descend à − 40 degrés. Le Ladakh est un désert froid et son écosystème est extrêmement fragile. Il y a peu, le manque d'infrastructure et de confort n'intéressait que les amoureux de tranquillité, en quête de simplicité.

---

[61] S'élève à 8 611 mètres d'altitude.

En 2009, après la sortie d'un film « bollywoodien »[62] tourné en partie au Ladakh, visiter cette partie du monde est devenu très populaire en Inde. Le tourisme de masse a écarté le tourisme culturel avec, à ses côtés, la destruction de l'environnement et de la culture. Le tourisme grandissant, des riches investisseurs indiens sont venus construire des hôtels pour combler la demande.

Les déchets, dont la quantité est supérieure à ce qui peut être traité, sont brûlés ou enterrés. Les sols et l'eau sont contaminés. À nouveau, les riches se gavent pendant que d'autres se divertissent aux dépends de la nature et de la population locale.

29 mai

Ça y est, c'est aujourd'hui que mon invité doit arriver. Il n'y a pas de bus navette pour se rendre à l'aéroport. Je vais donc y aller en moto. L'agent de location me demande de lui présenter un permis de conduire pour louer une mythique Royal Enfield. *"I've just crossed the entire length of India so if I should have died I would already be dead."*[63] L'homme rigole, puis me donne la clé.

L'aéroport est minuscule, la seule piste d'atterrissage est partagée par quatre compagnies aériennes qui proposent des vols uniquement en provenance de Chandigarh, Delhi, Jammu et Srinagar. Quelques minutes après l'atterrissage, les portes du hall d'arrivée s'ouvrent. Des touristes arrivent au milieu des locaux ainsi que des militaires, puis vient enfin mon ami François.

---

[62] « Les 3 idiots ».

[63] Je viens de traverser l'Inde alors si j'avais dû mourir je serais déjà mort.

Nous nous sommes connus à l'université, lorsque nous étudiions le commerce et le marketing. Autant pour lui que pour moi, tout cela est loin derrière nous. Les années ont passé, nos chemins se sont séparés, mais nous sommes toujours restés liés. En 2019, la crise du covid a permis à François et sa copine de prendre du temps pour eux et de se questionner. Ils ont pris conscience que travailler pour des gros groupes ne les stimulait plus. Ils avaient besoin de redonner du sens à leurs actions, à leur vie. Ils ont alors tout quitté pour se lancer dans le cinéma. Après quelques mois, leur projet de film documentaire sur la reconnexion de la nature à la ville a débuté. « La belle ville » est sorti au cinéma et il est disponible sur toutes les plateformes streaming. J'admire François et Manon pour le courage qu'ils ont eu en osant tout quitter pour vivre une vie en harmonie avec eux-mêmes.

François est venu jusqu'en Inde pour son nouveau projet de film documentaire auquel il aimerait que je participe. Le film serait articulé en trois parties : la reconnexion à soi, aux autres et à la nature en traitant différents sujets comme celui de la méditation et le dépassement de soi. Accompagné de sa caméra, il va profiter de ces deux semaines pour capturer des images et monter un dossier de production pour trouver un producteur à son retour en France.

Il y a de nombreuses activités touristiques à faire au Ladakh. Atteindre le plus haut col carrossable du monde (le Khardung La pass) à moto, traverser une partie de la route de la soie, partir en trek pour observer des pics à 7 000 mètres d'altitude ou encore faire du dromadaire sur les dunes de sable. L'un des immanquables est la visite du lac de Pangong, à la frontière du Tibet, où l'une des scènes du film « *les 3 idiots* » a été tournée. Il est aussi possible de visiter de nombreux monastères tibétains, vieux de plus d'un demi-millénaire pour certains.

Le choix d'activité est vaste, mais mes plans sont différents. Je souhaite monter le col du Khardung La et ses 5 359 mètres d'altitude à vélo et trouver une source d'eau gelée pour s'y baigner. François n'est évidemment au courant de rien. Pour le reste du temps, nous nous laisserons porter au jour le jour et au gré des rencontres.

30 mai

Nous mêlons nos discussions à la découverte de la ville. Comme dans le reste de l'Inde, la religion est présente à chaque coin de rue. Les crânes rasés aux tenues violettes se mélangent aux barbus et aux robes blanches, sous le chant des haut-parleurs installés dans les mosquées.

Le Namgyal Tsemo est l'un des plus anciens monastères construit au XVIe siècle. Ses fondations reposent dans les hauteurs de la ville et son accès se gagne après l'ascension d'une longue série de marches. De là-haut, nous découvrons une vue exceptionnelle sur la ville qui est recouverte d'un voile doré à l'heure du soleil couchant.

En 1950, la colonisation chinoise du Tibet a entraîné une forte migration des Tibétains vers le Népal et l'Inde du Nord. Les monastères sont partout, aussi nombreux que les restaurants. François, Stayaki et moi-même terminons notre soirée dans l'un d'entre eux.

Adaptée à la situation géographique, la gastronomie tibétaine est unique. De nombreux plats et boissons sont préparés à base de farine d'orge. Les matières grasses telles que le lait et le beurre proviennent du yack, un herbivore ruminant à la tête de taureau et au corps de vache, portant une bosse de dromadaire recouverte d'un long poil épais qui le protège du froid. Nous dégustons ce soir le traditionnel *thukpa*, une soupe d'épaisses nouilles dans un bouillon de légumes. C'est l'un des plats phares du Tibet et du reste de la chaîne himalayenne.

Le coucher du soleil annonce la chute des températures. Pour nous, comme pour les locaux, c'est là que la journée se termine avant de reprendre le lendemain aux premiers rayons du soleil. Nous prenons tout de même le temps d'emporter des *Gulab Jamun* pour nos amis de l'auberge. Un petit restaurant caché dans une ruelle propose les meilleurs de la ville. Ce dessert est une vraie bombe calorique, plus addictive que la drogue ou le sexe et tellement sucrée qu'il éteindrait à jamais le premier diabétique qui le croquerait par mégarde. Une addiction qui s'alimente facilement à cause de son prix dérisoire, pour une trentaine de roupies l'unité, l'équivalent de 30 centimes.

31 mai

En France, François cumule deux emplois. D'une part, il conseille les entreprises pour qu'elles puissent réduire leurs émissions de CO_2, d'autre part il travaille sur la distribution de son film à travers de nombreuses conférences. L'idée de ne rien planifier en se laissant aller au gré des journées lui fait du bien.

Cela fait déjà quelques jours que Satyaki et moi sommes arrivés à Leh et que nos vélos restent à l'auberge. L'envie de reprendre la route se fait sentir. Nous partons tous les trois en excursion pour la journée, sans objectif final, désirant simplement découvrir du pays en prenant la route de l'ouest.

Au bout de quelques kilomètres, une famille nous arrête en bord de route, juste à côté d'une caserne militaire. Ils veulent nous prendre en photo et nous offrir du soda et des *momos*[64]. Chemeet nous explique qu'ils attendent ici pour célébrer le départ en retraite de son grand-père.

---

[64] Plat traditionnel tibétain de raviolis farcis de légumes (parfois de viande) cuits à la vapeur, accompagnés d'une sauce piquante.

À la fin de la cérémonie militaire, le nouveau retraité arrive à son tour, accompagné de quelques personnes. C'est alors le début des hostilités. La famille s'active pour servir les rafraîchissements, nous les suivons au pas pour distribuer les *momos*. En quelques minutes seulement, le repas est avalé et le retraité reprend la route. Les membres de la famille se précipitent dans leurs voitures pour se rendre à la fête principale. Chemeet nous donne les indications qui nous permettent de les rejoindre.

Satyaki est indien, mais les différences de cultures sont nombreuses et il ne connaît pas celle du Ladakh. Nous ne savons pas à quoi nous attendre. Là-bas, nous retrouvons au moins cent cinquante personnes. Attelée à la maison, une énorme tonnelle est installée pour accueillir tous les convives. À peine assis, une tempête s'installe. Les toiles s'envolent, la structure métallique tombe, mais la fête continue dans la maison.

L'accueil est de loin le plus chaleureux que j'ai pu recevoir depuis le début de mon voyage. « Julley », les gens nous saluent, les mains jointes et avec de larges sourires. J'ai l'impression que la fête est organisée en notre honneur. Nous rejoignons la pièce des hommes. Les femmes nous servent des snacks et le vin local[65] sans modération. Le repas est servi sur un grand buffet en quantité illimitée. Les hommes ouvrent le bal et les femmes nous succèdent.

Nous ressentons le poids des coutumes et l'organisation bien définie de l'événement. Chemeet nous explique que tous les invités font partie du même *phaspun*, un groupe d'amis villageois qui se regroupent lors d'évènements importants. Il peut s'agir d'un départ à la retraite (nouveau dans la tradition), d'une naissance, de la mort ou du mariage

---

[65] Alcool préparé à base d'orge.

d'un des membres. Même en tant qu'invité, lorsque le *phaspun* se réunit, chaque membre participe au financement, à la préparation et au bon déroulement de l'événement. Grâce à des règles de savoir-vivre établies, cette entraide facilite la vie de chacun. Aujourd'hui par exemple, un groupe de femmes s'occupe du service pendant que certains hommes sont aux fourneaux.

Nous ne sommes qu'à quelques kilomètres de Leh et pourtant il n'y a pas d'eau courante. Elle est distribuée par camions et stockée dans des gros réservoirs. Ici, plus que n'importe où, l'eau est rare, il faut donc éviter de la gâcher. La vaisselle est faite dans des bacs en plastique et les toilettes sèches permettent d'en économiser de nombreux litres. La douche, comme dans la majeure partie du pays, se fait au seau d'eau.

Si les installations facilitant la vie des habitants ne sont pas développées en dehors de Leh, celles de l'armée le sont bel et bien. La route du sud qui mène vers chez Jess et sa belle-famille est bordée de camps militaires. La route de l'ouest sur laquelle nous sommes actuellement l'est tout autant. Le nombre de véhicules de l'armée que nous croisons est supérieur à celui des civils. Cette forte présence militaire m'intrigue. Frontalière de la Chine et du Pakistan, la zone est sensible. L'Inde a visiblement décidé d'allouer un gros budget de l'État à la protection de son pays.

De retour à l'auberge, je cherche plus d'informations sur internet. Il n'est pas simple de trouver de précises informations, mais il y aurait environ 80 000 soldats des quatre coins du pays qui se tiennent prêts à l'action en cas d'invasion. 80 000 êtres humains qui passent chaque jour de leur vie à attendre un combat qui ne verra probablement jamais le jour. Ces chiffres me font froid dans le dos et me déçoivent. Pour un total de 300 000 habitants, les 80 000 militaires ne peuvent que difficilement passer inaperçus.

Pourquoi lorsqu'on cherche des informations sur le Ladakh, sur internet et les réseaux sociaux, on nous parle de montagnes, d'un coin du monde isolé, terre de la paix et de la spiritualité ? Alors qu'une personne sur quatre est prête à prendre les armes et tuer son prochain au nom de la « patrie » ? Les agences de voyages, blogueurs et instagrameurs oublieraient-ils volontairement de mentionner cette partie peu vendeuse du Ladakh qui apporteraient moins de *likes* à leur *posts* ? Ou ne voient-ils tout simplement pas l'intérêt de mettre en lumière le résultat des dérives d'un régime politique aux penchants dictatoriaux et totalitaristes prêt à utiliser son peuple comme chair à canon pour défendre ses intérêts coûte que coûte ?

Je suis déçu du manque de transparence des voyageurs qui partagent leur expérience dans le Ladakh. Je suis déçu de ces agences de voyage qui utilisent l'image des bouddhistes tibétains pour vendre des séjours « spirituels » en terre de paix alors que les militaires y sont beaucoup plus présents que les moines. Remanier l'information pour la tourner à son avantage en mettant seulement en lumière la pureté et l'amour de certains êtres vivants est à mes yeux hypocrite et immoral. Je rêvais d'une terre libérée de la haine et de la violence, où chaque être qui l'habite prône l'amour et la bienveillance pour son prochain. Internet et ses utilisateurs m'ont fait croire que mon rêve existait quelque part dans le monde, mais ceci n'était qu'un leurre.

Comme chaque jour, nous terminons la soirée dans la pièce commune de l'auberge pour rencontrer les derniers arrivés, dont Marjorie, une Française en vacances qui est aussi victime du mal des montagnes. Moins chanceuse que Shino, des violents maux de tête et des vomissements l'obligent à se rendre à l'hôpital pour terminer sa nuit en surveillance et sous oxygène.

Satyaki, François et moi terminons cette journée avec des souvenirs pleins la tête ; illustrant d'ailleurs très bien les avantages du voyage à vélo. De telles rencontres inopinées sont impossibles lorsqu'on utilise l'avion, le train ou le bus pour se déplacer. De plus, lorsqu'on voyage avec des engins motorisés, ce qui est très populaire dans le Ladakh, nous ne sommes qu'une goutte de plus dans l'océan des voyageurs et des touristes. À pied ou à vélo, nous sommes l'océan. Ces façons de voyager étant plus rares et différentes, elles suscitent beaucoup plus de curiosité.

1 juin

Les moines tibétains sont connus pour être extrêmement souriants. Ceux que nous rencontrons au monastère de Spituk sont fidèles à leur image. Dans la salle des prières installée au point culminant de l'édifice, un moine récite des mantras. Ce monastère du XIVe siècle, lui-même bâti sur les hauteurs d'une colline, permet aux prières de protection d'être envoyées et propagées dans tous les environs.

Le son de sa voix et le rythme du *damaru*[66] m'apaisent. Je m'assois à ses côtés et je commence à méditer. Cet endroit accueille des milliers de méditants depuis des centaines d'années. C'est pour moi un privilège d'avoir cette opportunité.

Après une demi-heure de chant, la session touche à sa fin. L'occupation de cet homme, me dit-il, est de chanter et réciter des mantras de 9 heures à midi et de 14 heures à 17 heures. Pendant un an,

---

[66] Un petit tambour à deux faces recouvertes de cuir qui émet du son lorsqu'en le faisant pivoter, deux percuteurs attachés par une ficelle viennent heurter les deux faces.

son rôle est de créer un champ d'énergie protectrice sur tout le monastère. L'année suivante, cette tâche sera confiée à un autre moine.

2 juin

Après cinq jours en Inde, François passe la journée seul pour digérer tout ce qu'il vient de vivre et avancer sur son projet de film. Plus chanceux que Shino et Marjorie, il ne connaîtra pas le mal des montagnes.

Satyaki et moi partons à pied avec un défi en tête, celui de nous faire inviter par des locaux pour boire un thé. Le but est simple : découvrir un peu plus la culture locale. Le plus gros du challenge est de trouver un Ladakhi qui parle anglais, car d'après Satyaki, ceux qui ne vivent pas du tourisme, en sont incapables. L'hindi est la langue majoritaire en Inde, mais chaque État à son dialecte. Ici, on parle ladakhi, à Calcutta, où vit Satyaki, ils parlent bengali. De manière générale, nombreux sont ceux qui ont des bases en hindi, mais ce n'est pas toujours le cas.

Nous partons du vieux Leh, l'ancien quartier résidentiel des ministres et principaux fonctionnaires du roi de l'époque. C'est un quartier aux rues très étroites où se mélangent des maisons ancestrales faites de pierre et de terre, des monastères et des mosquées. L'endroit est une mine d'or, il fait partie du patrimoine socio-culturel de la ville, mais tristement, celui-ci disparaît à petit feu au profit d'une « meilleure » urbanisation.

À l'angle d'une rue, nous rencontrons deux enfants d'une dizaine d'années. L'un arpente les ruelles du quartier sur un vélo au guidon tordu et sans freins, pendant que l'autre lui court après. Nous devons lui venir en aide. Nous repartons aussitôt à l'auberge pour récupérer nos outils et réparer son vélo. À notre retour, sa copine en a profité pour ramener elle aussi son vélo. Nous réparons les freins du premier, mais la chambre à air du second vélo est morte. Nous traversons la ville tous les quatre pour en racheter une. Les deux enfants ont le sourire jusqu'aux oreilles. Ils achètent, à crédit, des bonbons et de l'eau à l'épicerie du quartier en guise de remerciement.

C'est avec ces moments simples mais forts, que le voyage m'alimente et que je grandi en tant que personne. Pour les vivre, la recette est facile : être à l'écoute, se balader sans réelle intention et privilégier le contact avec les locaux au lieu d'optimiser son temps pour faire le plus de circuits touristiques.

Sur le chemin du retour, nous passons par le marché principal au cœur de Leh. C'est l'endroit le plus propre et le plus développé de la ville où de grandes supercheries ont lieu. La majorité des boutiques sont tenues par des Kashmiris[67]. Contrairement aux Ladakhis qui sont très discrets, eux sont très avenants. Ils interpellent les gens dans la rue pour leur vendre des souvenirs traditionnels, dont aucun ne provient réellement de chez eux. C'est un genre de souk marocain, mais en Inde.

Nos vélos sont attrayants et les interpellations se succèdent. Sans nous demander l'autorisation, les touristes indiens se photographient à nos côtés ou seuls avec nos vélos. Alors que Satyaki et moi sommes en pleine discussion, une youtubeuse nous interrompt avec une caméra et un micro à la main pour débuter une interview. Je n'en crois pas mes yeux, son manque de délicatesse et son audace nous amuse. Nous ne lui racontons que des bêtises.

Pour ce début de week-end, nous nous réunissons autour du feu sur le toit de l'auberge. Les deux Bangladais avec qui nous partageons notre

---

[67]Des indiens provenant de Jammu-et-Cachemire, l'État juste à l'ouest.

dortoir sont présents. C'est la première fois que j'ai l'occasion de rencontrer des habitants du Bangladesh. L'image que j'en ai n'est pas très positive. Lorsque la presse en parle, c'est pour annoncer des effondrements d'usines de textile ou pour parler de la pollution et de la surpopulation du pays…

D'après Kamrul et Rima, au-delà de ce qui est dit dans la presse, le Bangladesh compte d'innombrables trésors cachés. Une partie du pays est recouverte d'une nature luxuriante, la gastronomie est aussi authentique et variée qu'en Inde, la culture est riche, et la générosité et l'hospitalité envers les voyageurs seraient sans égales.

Pourquoi les médias de masse nous informent principalement de nouvelles dramatiques ? C'est ce que j'ai demandé à certaines personnes de l'équipe de France 2 que j'ai rencontrées à New Delhi. Leur réponse était aussi simple que déroutante : ce qui est positif ne se vend pas. En revanche, surfer sur les faits divers et diffuser de l'information négative crée la polémique, de l'audience et donc de l'argent.

3 juin

Chaque journée commence dans la salle commune avec un *chaï* et un petit déjeuner gracieusement offert par Vedant, le manager de l'auberge. Les plats sont différents chaque matin, pendant quatre jours, avant de recommencer un même cycle. Le premier petit-déjeuner est composé d'un curry de pois chiche avec deux *pooris*[68]. Le deuxième jour, c'est un curry de pommes de terre, toujours accompagné de *pooris*. Le troisième jour est celui du *upma*, un genre de porridge à la semoule et aux épices. Puis le quatrième jour, c'est le traditionnel *poha*, un mélange

---

[68] Une galette de blé frite à l'huile.

de flocons de riz, petits pois, tomates, oignons, cacahuètes et épices nettement moins gras que les trois premiers.

Vient ensuite le deuxième thé, en face de l'auberge, pour profiter des premiers rayons du soleil. Je le partage chaque matin avec Vedant, Rakesh et Summit, les trois responsables de l'auberge. Le *chaï* est l'emblème du pays. Il crée le lien social, réchauffe les cœurs et rythme la journée des travailleurs ainsi que leurs pauses.

En sortant de l'auberge, je prends chaque jour quelques minutes pour offrir un peu de tendresse à travers des caresses données à la vache en liberté qui vit juste en face. Cette routine se termine dans un café pour cyclo-voyageur où je m'évade un peu plus à travers la lecture et où je dépose sur papier ce que je suis en train de vivre. Pour qu'à leur tour, d'autres personnes puissent s'évader à travers la lecture de mon histoire.

Plus tard, François, Satyaki et moi retrouvons Chemeet, le Ladakhi qui nous avait invités à la fête du retraité, dans un restaurant où il a l'habitude d'aller. On y mange des burgers, des pâtes et des *carrot cakes* en dessert. On y écoute de la musique occidentale et on y boit même un café d'excellente qualité. C'est surprenant, même un peu attristant de voir que l'influence des terres de l'ouest touche même les territoires les plus reculés du monde.

4 juin

Au menu du jour, c'est *aloo paratha*[69] et une tasse de *chaï*. La *paratha* nous est fraîchement préparée dans un *dhaba* au cœur de la ville. Le thé est fait à partir du lait tiré le matin même et distribué par le paysan en

---

[69] Une galette farcie à la pomme de terre et aux légumes.

personne sur la place principale. Nous y retrouvons Tenzing[70], le cousin de Chemeet qui est passionné de vélo. Il connaît bien le territoire et souhaite nous faire découvrir un village à une trentaine de kilomètres d'ici. Nous partons tous les quatre, Tenzing, François, Satyaki et moi-même.

Après quelques kilomètres sur la route principale, nous bifurquons pour nous enfoncer dans la montagne et tout devient instantanément différent. La route est toujours goudronnée, mais l'espace se limite à une voiture seulement. Rapidement, nous nous retrouvons dans la nature profonde. Il n'y a à présent, ni flore, ni vie humaine. L'environnement est extrêmement sec et désertique. Sur notre droite se trouve la rivière et sur notre gauche la montagne et le parc national d'Hemis, connu pour abriter certaines des 6 000 panthères des neiges encore vivantes dans le monde. C'est souvent ici, ou au Tibet, que les chercheurs et les reporters se rendent pour pouvoir les observer.

Mètre après mètre, nous prenons de la hauteur. Le décor est époustouflant, le panorama est profond. Ici, le temps semble s'être arrêté. Il n'y a que de la roche à 360 degrés et en bas, au loin, un énorme courant d'eau transparente. Après une dizaine de kilomètres à s'enfoncer dans les montagnes, nous retrouvons ce petit village et les cinq familles qui l'habitent. Rinchen nous accueille, c'est un camarade de classe de Tenzing qui est venu rendre visite à ses grands-parents pour le week-end. Nous sommes accueillis avec des gâteaux et un *chaï* salé. Nous leur demandons si nous pouvons rester pour la nuit, ils acceptent sans hésiter.

---

[70] Prénom très populaire dans la région et chez les tibétains qui signifie « celui qui détient les enseignements du Bouddha ».

Ici, il n'y a pas de signal téléphonique. La sensation de ne pas pouvoir être connecté est étrange. Souvent, j'éteins mon téléphone lors de périodes d'introspections, mais je sais au fond de moi qu'il est toujours utilisable en cas de problème. Ici, qu'on en ait besoin ou pas, il n'y en a pas. L'eau provient d'une rivière qui traverse le village, une grande partie de la nourriture provient du jardin, du lait de leurs vaches et l'électricité des panneaux solaires installés sur le toit.

Le parc national commence derrière la maison. À cause des braconniers venus chasser des panthères, les villageois sont maintenant les seuls autorisés à s'y rendre. Nous partons en balade, Rinchen mène le groupe. Aucune panthère à l'horizon, mais plutôt un grand groupe de *bharals*[71] qui nous observe au loin. Nous continuons notre balade jusqu'à l'ancienne maison de son arrière-grand-père, un gros tas de pierres laissé à l'abandon depuis une bonne vingtaine d'années. Il a longtemps vécu ici, seul, avec ses moutons et son cheval qui lui permettait de se rendre jusqu'à Leh. Aujourd'hui trop vieux, il vit dans la maison familiale où nous allons séjourner.

Tenzing et son camarade repartent pour Leh à la tombée de la nuit. Nous restons tous les trois ici avec la tante, l'arrière-grand-père (l'ancien berger) de 92 ans, une autre tante et son père de 84 ans.

La vie s'organise dans la pièce commune, où nous nous asseyons sur des banquettes posées au sol, autour du poêle à bois qui sert de chauffage et de cuisine. La tante prépare un *thukpa* avec les aliments du jardin, pendant que les deux hommes âgés se livrent à la contemplation

---

[71] Un gros bouc des montagnes.

avec un *mala*[72] à la main. Dans ses vêtements violets, l'ancien berger à l'allure de grand sage semble être dans une profonde méditation. Il s'arrête parfois, le temps de nous conter une histoire, avant de regagner le silence. Sa pratique du bouddhisme est assidue depuis plus de trente ans. À l'époque, seul dans la montagne avec ses bêtes, c'est l'alcool qui rythmait sa vie, jusqu'à sa rencontre avec le Dalaï Lama qui lui avait assuré qu'une pratique plus assidue et un comportement plus moral lui apporteraient la paix et l'harmonie. Depuis ce jour, il n'a jamais retouché une goutte d'alcool.

Le moins âgé des deux rompt une période de contemplation pour se rendre aux toilettes. Le simple fait de se lever de la banquette et de marcher lui demande un réel effort, à tel point que sa fille l'épaule. Comment peut-il alors faire ses besoins dans les toilettes à la turque ? Lui et le berger ont-ils encore la souplesse de s'accroupir et surtout de se relever, ou bien utilisent-ils un autre moyen pour faire leurs besoins ?

Ces questions me trottent dans la tête. J'aimerais les poser, mais je n'ose pas. J'essaie de convaincre François de le faire à ma place, mais il refuse. À deux, nous pouvons peut-être convaincre Satyaki de le faire.

    — Bhaiya, we would love to ask them but we are French and it could be a little awkward from us. You are Indian, you guys are quite similar, so it would be better if you ask the question, don't you think so ?[73]

---

[72] Collier composé de 108 perles qui, une fois à la main, permet de garder l'esprit clair pour méditer ou réciter des mantras en comptant les billes, les unes après les autres.

[73] Frère, nous aimerions leur demander mais nous sommes français et ça pourrait paraître maladroit de notre part. Tu es indien, vous vous ressemblez, ce serait préférable que tu leur demandes, tu ne penses pas ?

Nous insistons sur le fait que leur anglais est très limité et qu'en revanche, ils parlent couramment l'hindi. Si notre demande est exprimée correctement, cela pourrait éviter les maladresses. Nous ne croyons pas en notre argumentaire et nous frôlons les éclats de rire à chaque instant.

Sans hésitation et alors qu'il est en plein repas, Satyaki interpelle le berger pour lui poser la question. Nous ne pouvons plus nous retenir, nous fondons en larmes. Satyaki nous traduit sa réponse : pour éviter de s'accroupir, ces deux hommes utilisent une chaise en plastique qui est trouée au milieu pour laisser passer les excréments. Nous voyant très surpris, Satyaki se tord de rire à son tour. En réalité, ils sont toujours capables de s'asseoir et de se relever pour faire leurs besoins. Maintenir une activité physique et manger sainement, sans produits chimiques, leur permet de rester en forme.

Au plein cœur de la nature, c'est à son rythme que nous vivons. Le coucher du soleil signe la fin de journée. Après un copieux repas chaud, il n'est que 20h30, mais nous sommes déjà au lit, chacun recouvert de trois épaisses couettes. Sans notre smartphone et sa connexion avec le monde entier, nous retrouvons notre nature d'Homme. Sans écran, il n'est pas possible de nous déconnecter de la réalité en nous faisant rêver de choses que nous n'avons pas. Nous retrouvons notre capacité à être heureux d'être là où nous sommes, avec l'environnement tel qu'il est, même quand il est glacial. Dans ces moments-là, c'est vers l'autre que nous dirigeons notre attention. Nous discutons alors de choses simples mais profondes, qui nous aident à découvrir qui nous sommes. Quelle est notre relation avec la mort ? As-tu peur de la solitude ? Avons-nous de la colère envers certaines personnes ? Reprochons-nous des choses à nos parents ? Aurions-nous aimé recevoir une éducation différente ? N'est-il pas préférable de pardonner les gens qui nous ont fait du mal pour aller de l'avant ? Comment pourrions-nous devenir plus aimants envers nous-mêmes, les autres et la nature ?

La lumière du jour nous réveille vers 8 heures. La cuisine est déjà pleine. En fait, personne ne semble avoir bougé. Les deux vieillards sont assis au même endroit, toujours vêtus d'une grande parure violette. L'unique différence est l'objet de méditation et de prières. Le moins âgé utilise le moulin à prières[74], pendant que l'ancien berger récite à voix haute des mantras inscrits dans un manuscrit marqué par le passage du temps. Par la rotation du moulin ou en les récitant, les mantras qui se propagent dans l'air font cesser la souffrance et amènent l'éveil spirituel chez tous les êtres vivants. Je me joins à eux, assis en tailleur, les mains entrelacées, pour étendre ce courant d'énergie positive.

Le cœur rempli d'amour, la tête pleine de souvenirs, et nos sacs pleins de sandwichs préparés par notre hôte, nous reprenons la route pour notre QG, l'auberge de jeunesse à Leh.

Dans l'après-midi nous retrouvons deux moines tibétains, Rigdoh et Nawang. C'est quelques semaines auparavant que Satyaki, parti découvrir le nord de l'État, a rencontré par hasard Rigdoh. Celui-ci rendait visite à ses parents pendant ses congés du monastère. Le soir même Satyaki était hébergé dans cette famille où il est resté pendant plusieurs nuits.

Rigdoh et Nawang sont des amis de longue date, ils se sont connus douze ans plus tôt durant leur scolarité au monastère. Nawang est un

---

[74] Moulin qui tourne autour d'un axe contenant des mantras. Lorsque le moulin tourne, les mantras se répandent dans l'air.

moine Rinpoché, ce qui signifie qu'il est la réincarnation d'un grand maître bouddhiste. D'après la tradition, le réincarné récupère les qualités et la sagesse du défunt pour pouvoir les prolonger et les améliorer. À ce jour, la science ne peut certifier l'existence de ce processus de réincarnation. Je peux en revanche attester du calme, de la sérénité et de la clarté des réponses apportées par Nawang à chaque question que nous lui posons et ce, bien qu'il n'ait que 28 ans. Son niveau d'instruction et de sagesse semble être déjà bien avancé.

Le fait d'être un Rinpoché lui offre une place très élevée dans la société. Dans la hiérarchie bouddhiste, les Rinpoché s'élèvent au rang précédent celui du Dalaï-lama qui est l'autorité la plus élevée. Le respect qu'on lui accorde est tel qu'à notre entrée dans le café, l'unique famille présente s'est levée pour le saluer avant de terminer leur thé en silence en signe de respect. Son statut lui impose donc de veiller à rester humble afin d'éviter de devenir victime de son propre ego en se croyant supérieur aux autres êtres vivants.

Contrairement à certains privilégiés qui profitent de leur statut pour vivre une vie sans mérite et souvent au détriment de leur prochain, Nawang organise sa vie pour aider les plus démunis sur différents aspects tels que la finance, la santé mentale, physique ainsi que l'éducation. D'après Rigdoh, de nombreux hôpitaux ainsi que des écoles ont été construits grâce à l'influence des grands moines dans cette partie reculée du pays souvent délaissée par l'État. Malgré la profondeur des sujets que nous abordons ainsi que nos différences culturelles, notre échange est un vrai moment de plaisir. Ces deux religieux sont fidèles à la réputation des bouddhistes tibétains. Ils sont simples, humbles et extrêmement marrants. Cette rencontre est une bénédiction.

Le soir venu, je me rends compte de la chance que j'ai eu de pouvoir partager un moment avec ces deux personnes. Rencontrer des moines lors de visite touristique est très facile dans cette partie du pays, mais les échanges restent brefs et sans profondeur. Je décide alors d'envoyer un message à Rigdoh pour lui faire part de mon contentement.

Voici sa réponse, dans son anglais approximatif :

> — It is my pleasure to meet guys like you, and you guys are really amazing and surprised to see people from West and specially from Europe, you so well developed in so many things but still you leave it behind and finding the true way of happy is unbelievable, you can see our next generation of India and Ladakhis are just going toward which you leave behind, sad but we will hope it will end. I really looking forward to see you guys, I want to learn so many things from you too. Really nice to meet you guys, I will pray for your happiness and fulfillment in your life.[75]

À quoi Rigdoh fait-il référence lorsqu'il dit que nous venons de pays très développés, mais que nous laissons ces choses derrière nous ? J'imagine qu'il parle de notre désir constant de consommer plus, de posséder plus, pour plus de confort et de sensations. Parle-t-il de cette

---

[75] La traduction la plus proche serait : « C'est mon plaisir de rencontrer des gens comme vous. Vous êtes superbes et je suis surpris de rencontrer des gens de l'Ouest, spécialement venant d'Europe, cette partie du monde tant développée dans de nombreux domaines et pourtant vous laissez tout ça derrière vous pour trouver le vrai chemin du bonheur. C'est incroyable. Vous pouvez constater que nos prochaines générations, en Inde et au Ladakh prennent la direction de ce que vous avez décidé de laisser derrière vous. C'est triste mais nous espérons que ça cessera. J'espère vraiment vous revoir, je veux moi aussi apprendre beaucoup de choses sur vous. C'est super de vous avoir rencontrés. Je prierai pour votre bonheur et épanouissement dans votre vie ».

inlassable quête alimentée par les progrès technologiques qui ne cessent d'avancer ? Parle-t-il du fait que nous passons une grande partie de notre vie à travailler pour gagner de l'argent que nous dépensons ensuite dans des choses qui nous stimulent sur le court terme, mais qui ne sont pas profondément source de bonheur ? En somme, Rigdoh ne fait-il pas référence au fait que nous cherchons le bonheur dans les choses extérieures alors qu'il se trouve juste là et maintenant, à l'intérieur de nous-même ?

Ce que Rigdoh ignore, c'est que tout ce que je souhaite à présent laisser derrière moi j'ai dû le posséder pour me rendre compte que le rêve n'était qu'illusoire.

Cinq ans plus tôt, tout ce que j'avais construit autour de moi semblait être parfait. Je n'avais que 23 ans, j'étais agent immobilier et mon salaire mensuel net avoisinait les 5 000 euros. Cette situation financière me permettait de consommer sans compter. Mon patron me faisait confiance et croyait en moi, ma carrière professionnelle avait bien démarré. Personnellement, j'étais aussi très comblé. Je partageais ma vie avec une Japonaise que j'avais rencontrée pendant un voyage, j'avais beaucoup d'amis et mon cercle familial était restreint mais très soudé.

Tout allait bien jusqu'au jour où Kayo, mon ex-copine, a décidé que notre relation ne pouvait plus durer. Du jour au lendemain, je me suis retrouvé profondément seul et anéanti. Ce que j'ai appris à ce moment-là, c'est que ni mon pouvoir d'achat, ni mon entourage n'avaient la capacité de me redonner la joie de vivre que j'avais. Je n'étais plus en paix avec moi-même, car mon environnement n'était pas exactement comme je le désirais.

Ce jour-là, j'ai compris que mon bonheur ne devait pas dépendre de mes possessions, de ma place dans la société, des relations que j'entretenais ou même de la météo du jour. Car dans ce cas, mon bonheur aurait dépendu d'éléments que je ne pouvais pas totalement contrôler.

Quelques mois plus tard, je me trouvais alors au pays de la spiritualité avec l'envie de découvrir « le chemin du vrai bonheur », à la recherche d'une paix durable, indépendamment des vicissitudes de la vie. Commença une longue période d'introspection qui m'a aidé, petit à petit, à devenir la personne que je suis aujourd'hui. Finalement, c'est en partant loin de tout ce que je connaissais déjà que j'ai pu me découvrir.

6 juin

Après quinze jours d'attente et plusieurs visites à la poste, je reçois enfin mon colis que je m'étais envoyé au début de la traversée des montagnes. Quelle joie de récupérer un deuxième tee-shirt, un troisième caleçon et une troisième paire de chaussettes.

Le contact avec les locaux et les voyageurs est si simple que les occasions de me retrouver seul avec François sont très rares. Nous forçons le destin en nous rendant tous les deux dans un café bio et végan, réputé pour ses mets délicieux et équilibrés. L'endroit est tenu par un Indien et un Allemand. Nombreux sont les occidentaux qui ne sont jamais repartis de l'Inde et d'autres pays d'Orient, privilégiant la qualité de vie à leur carrière professionnelle.

Sur la première page du menu est inscrit l'un des proverbes d'Albert Einstein : « Rien ne pourra être plus bénéfique à la santé humaine, ni accroître les chances de survie de la vie sur la Terre, qu'une évolution vers un régime végétarien ». Sur les murs sont affichés de grands portraits photographiés par le patron. D'autres murs sont recouverts de dessins. De grandes banquettes sont disposées à même le sol avec d'énormes plaids. Cet endroit ressemble à un mélange de galerie d'art et de restaurant, tout en donnant l'impression d'être chez soi, tranquillement installé dans son canapé. C'est le lieu parfait pour faire le point sur ce voyage, avancer sur notre projet de film. C'est aussi l'occasion d'échanger sur nos vies respectives qui ont bien changé depuis nos années d'université et les cuites que nous nous infligions à l'époque.

François est en train de vivre ce que j'ai vécu, quatre ans plus tôt, au moment de ma séparation. Après six ans de vie commune et la réalisation de projets d'envergure comme leur film documentaire, son couple avec Manon n'allait plus. N'étant pas de nature à exposer ce qu'il ressent, il s'était gardé de me le dire depuis son arrivée.

J'écoute François me transmettre ses maux, car c'est d'une oreille dont il a besoin à ce moment-là, sans prendre parti. Manon est aussi une personne que je porte profondément dans mon cœur et je ne voudrais en aucun cas lui causer du tort. Et puis, comment pourrais-je émettre un avis objectif alors que je ne connais qu'une seule version de l'histoire ?

Naturellement désireux de rester juste et de voir mon ami aller de l'avant, je lui partage quelques principes que j'ai découverts en Inde et pendant mes périodes d'introspection, qui m'ont permis d'avancer après ma séparation.

Manipuler son partenaire en exerçant un contrôle sur ses émotions peut nous permettre, à court terme, de maintenir une relation. Entretenir une relation amoureuse est un plus, mais si tu n'es pas capable de te rendre toi-même heureux, personne ne pourra le faire à ta place. Sur le long terme, si les intentions sont mauvaises et que la relation est malsaine, elle est par avance vouée à l'échec.

Il est important de rester bien intentionné envers la personne que l'on aime, non pas pour essayer de la reconquérir, mais pour rester fidèle à nos propres valeurs. Dans les coups durs, je ne mens pas et je ne manipule pas par peur de voir une personne ou une chose s'en aller. Il ne faut jamais laisser la colère, les remords, la tristesse ou la peur guider nos actions ; ils sont à l'origine de tous les péchés. Agir avec de la négativité détruit, agir avec de la positivité construit.

Il faut apprendre à aimer sans condition. Si j'aime vraiment une personne, je lui souhaite d'être heureuse et épanouie dans sa vie amoureuse, qu'elle la partage avec moi ou avec une autre personne. C'est ainsi que je suis heureux à mon tour.

La méchanceté est signe de mal-être et de souffrance, tandis que la compassion et la bienveillance signent le bien-être et la paix intérieure. Si une personne me fait du mal et qu'elle essaye de me nuire, je vois cela comme un appel à l'aide. Une personne heureuse et en paix avec elle-même ne causera jamais volontairement de tort à autrui, encore moins à une personne avec qui elle a partagé un bout de sa vie.

Prendre conscience de l'impermanence. La peur ou la tristesse me poussent à diriger mon attention vers le problème au lieu de la diriger vers d'éventuelles solutions. Les phases douloureuses semblent être interminables et sans issue. Je me rappelle pendant ces moments que rien ne dure. Les tempêtes laissent toujours derrière elles un profond ciel bleu.

Ces quelques principes sont simples à conscientiser, en revanche, les mettre en pratique et les maintenir n'est pas une mince affaire.

Satyaki me propose de faire le trajet Leh - Manali à vélo une fois que François sera rentré en France. N'ayant pas pu le faire à l'aller, j'accepte sans hésiter. Avant cela, Satyaki veut absolument se rendre au lac de Pangong qui s'élève à 4 250 mètres d'altitude et qui s'étend sur 134 kilomètres, partagé entre le Ladakh et le Tibet. S'y rendre en vélo est trop risqué, François pourrait manquer son avion. Une jeep avec un chauffeur ? Jamais de la vie. Il ne reste que la moto.

C'est à moto que la majorité des touristes découvrent la région, alors les magasins de location sont nombreux. Satyaki loue une *Bullet*, c'est une Royal Enfield plutôt destinée à la route, mais peu chère. François et moi partageons une moto pour deux et optons donc pour la fameuse Royal Enfield *Himalayan* 410. Elle est plus puissante et plus adaptée pour les chemins de traverse. C'est l'équivalent d'une Honda *Twin* en moins puissant, la moto du désert.

En direction du lac, il n'y a plus de station essence. Nous achetons des bidons vides au marché pour préparer nos réserves. De retour à l'auberge, nous emballons toutes nos affaires, nous récupérons des gants de ski et nous prenons la route. Notre seul plan : rouler en direction du lac pour une boucle de 410 kilomètres.

Satyaki n'a, lui non plus, pas de permis moto. *"Don't worry, I used to drive a bike when I was young"*[76] nous a-t-il dit en partant. Sa conduite n'est pas à la hauteur de sa confiance et nous préférons le suivre avec une distance de sécurité. François veut conduire notre moto alors qu'il n'en

---

[76] Ne vous inquiétez pas, je conduisais une moto quand j'étais jeune.

172

a jamais conduit. Quelle idée ! Mon expérience avec la 50 cm³ de ma jeunesse fait de moi le plus expérimenté de notre bande d'imbéciles.

Nous déjeunons à Karu, le dernier village de la route principale qui mène vers le sud. D'ici, nous bifurquons pour commencer l'ascension du plus haut col de ce périple, le Chang La Pass, qui culmine à 5 360 mètres. Nous laissons derrière nous une longue ligne droite, entourée de plaines, pour des routes serpentant en plein cœur de la montagne. Rapidement, le temps change et la température chute. Nous enfilons un deuxième pantalon, une deuxième veste et une paire de gants.

La pluie s'intensifie. La première couche de vêtements est trempée et la seconde est menacée. Satyaki avait prévu une veste imperméable, il reste intouché. À environ à 4 200 mètres d'altitude, la pluie devient neige. C'est déjà trop tard, nos gants sont trempés. La température est glaciale, nos doigts sont congelés. La neige tombe si fort que nous ne voyons pas à plus de 100 mètres. Nous avançons, coûte que coûte, complètement recouverts de ce manteau blanc.

Nos espoirs de franchir le col s'envolent à cinq kilomètres de l'arrivée, lorsqu'une voiture venant du sens inverse nous apprend que la route est bloquée par la neige. Nous faisons demi-tour. J'arrête les deux voitures qui nous suivent pour leur faire part de la nouvelle. Un homme en tenue militaire sort instantanément de la voiture avec une mitraillette à la main, le doigt sur la détente, en criant *"who are you, where are you from, what do you want"*[77]. Je l'informe de l'état de la route, l'homme me fixe du regard puis remonte dans la voiture sans rien ajouter. Les haut gradés de l'armée et hauts fonctionnaires de l'État ont de nombreux privilèges, dont celui d'avoir un véhicule, un chauffeur, et une protection armée pour soi-même et sa famille, 24h sur 24, même

---

[77] Qui es-tu, d'où viens-tu, qu'est-ce que tu veux ?

pendant les vacances. Les plaques d'immatriculation gouvernementales laissent penser que ce convoi était pour l'un d'entre eux.

La hauteur des sommets sépare deux mondes. Une fois descendus et hors de la zone montagneuse, nous retrouvons le ciel éclairci du début de journée. Nous revoyons nos plans et partons pour le monastère d'Hemis qui est le plus grand du Ladakh. Construit en flanc de montagne, il est unique. Recouverts d'un blanc profond, ses bâtiments sont visibles à des kilomètres à la ronde.

Des battements de tambours, le choc des cymbales et les chants spirituels des cornemuses nous guident jusqu'à la cour principale. De nombreux moines sont en train de répéter leur partition pendant que d'autres peaufinent leur chorégraphie. L'un d'entre eux nous explique qu'ils se préparent pour la fête annuelle du monastère. Pendant les danses, chaque détail compte, car c'est à travers celles-ci que l'histoire du bouddhisme et que les événements mythologiques sont retranscrits.

La salle des prières est restée inchangée depuis plusieurs siècles et l'énergie qui l'habite est très intense. Les murs sont recouverts de fresques de bouddhas[78] et de moines ayant marqué l'histoire. On y trouve aussi des reliques et des manuscrits anciens de plusieurs centaines d'années. Les murs et les peintures comptent de nombreuses couleurs. Chacune a sa signification. Dans le bouddhisme tibétain, les cinq couleurs principales sont : le vert pour l'harmonie, le rouge pour la sagesse, le jaune pour la renonciation, le blanc pour la pureté et le bleu pour la guérison.

---

[78] Un bouddha est un être illuminé. Il y en a plusieurs dans le bouddhisme tibétain.

De retour à notre QG, nous cherchons une destination sans col à franchir pour ne pas être arrêtés par la météo. Une seule option s'offre à nous : prendre la route qui part vers l'ouest, en direction du Jammu-et-Cachemire. Nous pourrions rouler 110 kilomètres sans dépasser les 4 500 mètres d'altitude pour atteindre Lamayuru, où nous aurions la chance de visiter le plus ancien monastère de la région datant du XIe siècle.

8 juin : Leh - Wanla 100 km. T : 4 475 km.

Depuis très longtemps, la beauté de cette route attire des motards du monde entier. Chaque virage offre un nouveau décor. Certains flancs sont recouverts d'un sable gris, violet, marron, beige, et même parfois vert. Certaines parties rocailleuses sont cyan, violettes, orange et même noires. À certains moments, nous traversons des plaines rocailleuses, à d'autres nous pénétrons le cœur des montagnes. Tout ce qui s'observe semble être ici depuis toujours. Seule une rivière à l'eau turquoise apporte une impression de nouveauté à ce décor figé comme sur une carte postale. Chaque angle de vue est à couper le souffle. Chaque virage nous donne envie de nous arrêter pour prendre le temps de contempler et ressentir la montagne. Sur des kilomètres de nature, il n'y a rien à ajouter, ni à soustraire. Ce que je vois est la définition même de la perfection.

D'un conte de fées, nous passons soudainement à une scène de guerre. Au milieu de nulle part s'étendent des bases militaires. Les plus grosses accueillent plusieurs centaines de_soldats. Les plus petites hébergent quelques cabanes et de gigantesques radars, larges de plusieurs mètres. J'imagine que c'est d'ici que, 365 jours dans l'année, l'armée indienne capte l'activité aérienne des ennemis chinois et pakistanais. Fière de sa puissance militaire, quelques canons sont disposés ici et là pour rappeler, à qui l'aurait oublié, la présence de l'armée.

C'est d'ailleurs pour elle que le réseau routier est autant développé malgré la complexité environnementale. Ces routes flambant neuves offrent un accès facile et rapide aux quatre coins du Ladakh. L'armée indienne est ainsi prête à faire face à d'éventuelles tentatives d'invasion par ses voisins. Ce sont les BRO[79], les membres de l'organisation des routes frontalières, sous la guidance du ministère de la défense, qui ont la mission de développer et maintenir le réseau routier des régions frontalières à d'autres pays. Dans une région si froide et si haute en altitude, construire et maintenir un réseau routier est laborieux. Les intempéries détruisent le goudron tout autant que les BRO, surtout lorsqu'ils sont si peu équipés.

Vivant dans des tentes installées sur le bord des routes qu'ils réparent, ces travailleurs vivent sans accès à internet et sans le moindre confort. Ils n'ont pas d'eau courante, pas de toilettes et pas toujours d'électricité. La plus grande « démocratie » au monde s'offre une jolie place sur le podium du non-respect de la dignité humaine.

Souhaitant éviter l'agitation touristique, nous sortons de l'axe principal pour faire escale à Wanla, un petit village à quelques kilomètres de Lamayuru. Accueillis par une averse torrentielle, nous fonçons vers la première chambre d'hôtes que nous apercevons, où nous sommes accueillis par Mina, une adolescente qui profite des vacances pour rendre visite à ses parents. Pour étudier, elle doit se rendre à Jammu, à 560 kilomètres du foyer. Les seize heures de trajets l'empêchent de rentrer régulièrement.

---

[79] BRO = the Border Roads Organisation

Une fois la pluie calmée, nous partons à la découverte d'une source d'eau chaude sur les recommandations de Mina. Lorsque nous traversons le village, les locaux nous saluent d'un geste de la main accompagné d'un profond sourire, fidèles à leur image. Le réseau téléphonique est inexistant depuis des kilomètres alors ce sont les villageois qui nous guident. La vallée que nous empruntons s'arrête brutalement au pied d'un mur de plusieurs centaines de mètres de haut. Une rivière sépare les deux flancs, nous continuons à pied.

La source d'eau chaude n'est en fait qu'un maigre jet d'eau provenant de la roche, à température ambiante. C'est dans la rivière gelée que nous passons le plus de temps. Si la source n'est pas à la hauteur de nos attentes, le décor est en revanche exceptionnel. Des falaises orangées nous entourent de part et d'autre. Elles sont si proches et si hautes qu'elles recouvrent la majeure partie du ciel. Cette grandeur m'impressionne et peut-être m'intimide. Je me sens avalé et à leur merci. Ce sentiment d'infériorité me pousse à lâcher prise. Je tourne en rond pour observer chaque détail. Tout est si parfait. Je n'ai plus de pensées. Hier n'existe plus, demain n'est pas encore. D'intenses sensations de légèreté envahissent mon corps, pendant que les larmes remplissent mes yeux.

Satyaki, caméra à la main, s'enfonce entre les roches. Il documente et partage lui aussi son voyage sur internet. Sa plume, fine et intuitive, lui permet de retracer ses péripéties et découvertes sur son blog. Les images photographiées accompagnent ses textes. C'est à travers son métier de rédacteur pour le journal Times of India, qu'il a acquis cette expertise. Fatigué de cette routine et de cette quantité de travail, il a alors acheté un vélo pour partir découvrir le pays qui l'a vu grandir.

Le soir nous retrouvons Mina, sa mère, son père, sa grand-mère et son oncle. Ici, les familles restent unies et cohabitent le temps d'une vie.

Les parents élèvent leurs enfants jusqu'à ce qu'ils deviennent des adultes et prennent à leur tour soin de leurs parents.

Le foyer se réunit dans la pièce de vie principale. C'est une grande salle équipée d'une cuisine, d'un salon, d'une banquette et d'un poêle à bois. Étant le seul endroit chauffé de la maison, c'est dans celle-ci que la famille passe l'hiver et ses − 30 degrés. La nuit venue, ils se déplacent dans la chambre partagée. Pendant le reste de l'année, soit environ cinq mois, les températures sont acceptables et permettent à chacun d'avoir de l'intimité dans une chambre privée.

Satyaki discute avec Mina et François apprend à cuisiner des *momos*. Je discute avec l'oncle qui est, lui aussi, un méditant Vipassana. Dans son coin, la grand-mère observe la scène silencieusement. Ici aussi, tous les aliments poussent dans le jardin de manière naturelle. La famille nous apprend fièrement que le jour où les villageois se sont rendu compte des maladies causées par le contact avec les pesticides, ils les ont directement interdits à Wanla et dans les villages voisins.

Cela fait seulement quelques heures que je suis là et j'ai déjà l'impression de faire partie de leur famille. Cette facilité que ces personnes ont de nous intégrer à leur groupe est admirable. Notre relation ne me semble pas être limitée par des barrières sociales, économiques, religieuses ou ethniques.

Ces barrières, présentes dans une grande partie du monde, rendent impossible l'unité. C'est en se croyant différent de l'autre, que nous créons de la division, des conflits, des disparités et des guerres. C'est en me définissant comme riche que je ne me vois pas dans les yeux du pauvre ou comme Français que je ne me vois pas dans les yeux de l'Indien.

C'est en voyageant et en méditant que je me suis rendu compte que l'identité que je me suis construite depuis mon enfance à fortement été influencée par mon environnement, de manière inconsciente, mais que tous ces concepts et croyances qui la définissent sont propres à une société et non à l'être humain. Si elles conviennent dans un environnement, elles sont aussi la source de frictions dans un autre, influencé par une culture différente. Pour nous libérer puis nous unir, nous devons tomber ces masques et renouer avec l'essence même de l'être humain.

Loin de tout, du bruit et de la lumière, nous en profitons pour sortir observer les étoiles : un beau moment de contemplation qui me fait prendre conscience, une fois de plus, de la finitude de l'être humain face à cet immense univers.

9 juin : Wanla - Leh 120 km. T : 4 595 km.

La route qui mène à Lamayuru est sinueuse et les formations rocheuses érodées nous donnent l'impression de rouler sur la lune. L'expérience est unique. Parsemé de stupas[80] et de maisons en terre blanche, le village de Lamayuru est dominé par son monastère. Nous visitons l'édifice au milieu des deux cent cinquante moines[81] qui l'habitent, occupés à leurs activités quotidiennes. Ils font de la poterie, nettoient la cour, discutent et s'amusent entre eux. Les plus âgés mènent les *pujas*[82] dans la salle de prière.

---

[80] Monument bouddhiste en forme de dôme qui contient des reliques.

[81] Dont 50 moines enfants.

[82] Rituels d'offrande, de remerciement et de consécration accompagnés de chants et instruments de musique.

Les plus jeunes me rappellent mon ami Pamba, un petit népalais que j'ai rencontré quatre ans plus tôt. Il avait près de 12 ou 13 ans, mais ni lui, ni sa famille ne connaissaient réellement son âge. Nous nous sommes côtoyés quotidiennement pendant un mois, et avons finalement noué une relation fraternelle. Dans une confiance mutuelle, il m'a supplié de l'emmener dans le plus gros monastère de la capitale pour fuir sa famille maltraitante. C'est par tristesse qu'il voulait prendre le chemin monastique. Certains des cinquante jeunes moines qui se trouvent ici ne sont certainement pas là par hasard.

En 1950, au moment de l'annexion du Tibet par les Chinois, des dizaines de milliers de Tibétains se sont réfugiés dans le nord de l'Inde et au Népal. Ayant tout laissé derrière eux, ils se sont souvent retrouvés dans une situation économique très précaire. C'est par manque de moyens et pour leur garantir une vie meilleure que certaines familles se séparent de leurs enfants en les envoyant au monastère.

Dans l'après-midi, nous sommes de retour à Leh. Ces deux jours ont été riches en découvertes. Grâce à cette première expérience à moto mes doutes s'éclaircissent. Ce moyen de transport ne correspond pas à mes attentes. La vitesse m'impose une concentration continue sur la route. Elle m'empêche d'être contemplatif et de scruter chaque détail. Bien qu'elle me donne la possibilité de voir plus de choses, au final, je ne vois rien, je ne ressens rien. Le tout illimité, maintenant et tout de suite, est fade et indigeste, de la même manière que celui qui a trop dans son assiette ne profite jamais autant du plat qui se dresse devant lui que celui qui n'a qu'un repas par jour.

Sur cet engin motorisé, je suis un conquérant. Sur mon vélo, je suis un petit être vulnérable. Sur cet engin, la nature n'a pas la force de m'imposer ses limites. Sur mon vélo, chaque coup de pédale me rappelle qu'elle me soumet. À moto je ne fais que la violer alors qu'à vélo, je m'offre à elle. Alors que chaque litre d'essence nous détruit, chaque litre de sueur nous unit.

10 juin

Aujourd'hui, je me réveille sans avoir la moindre idée de ce que je vais faire de ma journée. Vous souvenez-vous de la dernière fois où cela vous est arrivé ?

Mes seules préoccupations de la journée se résument à : sortir du lit pour déjeuner avec mes potes, partager un *chaï* avec Summit, Rakesh et Vedum, les trois jeunes qui gèrent l'auberge, faire du yoga, méditer et me balader. Selon mes envies, j'accorderai ou non un moment à la lecture et à l'écriture.

S'autoriser, occasionnellement, à prendre le temps et à vivre sans contrainte ni obligation fait partie des aspects positifs du voyage. Être et ne « rien faire », se réjouir du simple fait d'être en vie, observer l'air qui entre et qui sort de mes narines, sentir les rayons de soleil caresser ma peau, voilà des choses simples qui me procurent un profond plaisir d'existence.

Dans l'après-midi, François et moi rendons visite à Arif, un *Kashemiri*[83] qui vit à Leh depuis quelques années. Il vend des écharpes faites main, en laine cachemire. Quelques jours plus tôt, la prestance et l'allure de cet homme à la longue chevelure et à la barbe noire m'avaient interpellé. Il me semblait différent. Je m'étais alors présenté pour avoir l'autorisation de le photographier. De cette rencontre hasardeuse est née une amitié.

---

[83] Originaire de l'État du Jammu-et-Cachemire

En Inde, la religion, l'égalité homme-femme, le système politique, le mariage et les castes sont des sujets tabous, très rarement débattus. Avec Arif, ils sont pourtant la base de nos échanges.

Nous le savons tous les deux, c'est en évitant certains sujets que nous ne nous donnons pas la chance d'évoluer. C'est en partie pour ces raisons qu'existent encore toutes ces inégalités en Inde, que la corruption est classique et que le gouvernement garde une allure dictatoriale.

J'aime cette facilité avec laquelle nous pouvons discuter, cette profondeur des réflexions que nous avons, cette franchise de la part d'Arif. Elles le démarquent de ses concitoyens. Il hait les inégalités et n'aime pas plus les gens qui profitent des privilèges. Ce parti pris assumé fait de lui un homme solitaire, mais qui vit en accord avec ses valeurs.

Lorsqu'il n'est pas dans sa boutique, il arpente la montagne avec son appareil photo, à la recherche du plus beau cliché. Conscient de la triste réalité et rapidité du réchauffement climatique, son souhait est de garder des images de la biodiversité qu'abrite le Ladakh, qui est aussi belle que fragile. Arif nous partage ses inquiétudes au sujet de l'avenir des Ladakhis.

Depuis la nuit des temps, les locaux utilisent l'eau de la fonte des glaciers pour l'agriculture, s'hydrater, se nettoyer, ou encore laver leurs vêtements. Depuis quelques années, cette ressource vitale se raréfie. Pendant l'été, la chaleur fait fondre les glaciers trop rapidement et les empêche de se reformer l'hiver venu.

Dans les hautes montagnes certaines rivières ont déjà disparu, privant d'eau courante plusieurs familles. Arif et les locaux le savent, ce problème qui concerne quelques familles deviendra bientôt celui de tous. Ici, à Leh, l'eau manque déjà. Il est donc plus qu'évident qu'elle ne puisse pas exister en quantité suffisante pour satisfaire les attentes des touristes. Pourtant, les hôtels continuent d'accueillir trop de monde et d'offrir des prestations qui ignorent la rareté des ressources. L'eau est alors surconsommée et la nappe phréatique est asséchée. Avant même qu'ils soient construits, ces hôtels sont un poids pour l'environnement. Des centaines de camions doivent traverser la montagne, chaque jour, pour apporter jusqu'à Leh les matériaux nécessaires à leur construction.

Arif a connu le Ladakh avant et après le film « Les 3 idiots » et dénonce ce nouveau tourisme aux antipodes de l'ancien. Quelques années plus tôt, les personnes venaient du monde entier pour découvrir les trésors cachés de la région ; ces paysages que l'on ne voit nulle part ailleurs. C'est le lieu de rendez-vous idéal pour les alpinistes, trekkeurs, marcheurs, ou encore les âmes en quête de spiritualité et de sobriété.

Malgré une empreinte carbone élevée, ces amoureux de la nature ont beaucoup de respect pour elle. Ils viennent en visiteurs, ils découvrent les cultures locales, les différentes manières de vivre et se plient à elles. Ils cherchent à expérimenter ce que vivent les locaux au quotidien ; simplicité et confort très limité.

Les classes moyennes du pays ne considèrent pas la fragilité des lieux et les différences culturelles. Ils viennent ici en vacances, pour vivre comme des riches, en cherchant toujours plus de confort et de sensations. La classe la plus haute, elle, vient ici désireuse de maintenir la qualité de vie qu'elle a le reste de l'année. Ce qui les anime : hôtels luxueux, alcool, balades à dromadaires, selfies au bord du lac de Pangong ou encore les balades à moto pour se photographier sur les plus hauts cols du monde.

C'est dans la salle commune de l'auberge que cette belle journée prend fin. Les voyageurs présents le jour de notre arrivée sont partis. Nous sommes désormais les plus anciens de l'auberge, avec les deux Bangladais qui partagent notre chambre. Avec le temps, la confiance se noue. Ce qui est gardé secret est alors exprimé. Pour la première fois, Summit, Rakesh et Vedant, le personnel de l'auberge, osent se plaindre de la clientèle.

Fruit du hasard, ils sont eux aussi dérangés par les touristes indiens. Ils sont trop bruyants, boivent et fument dans les chambres. Ce genre de comportement, plutôt commun dans le reste de l'Inde, n'est pas accepté au Ladakh. Malgré une forte présence militaire, c'est le calme qui règne dans la région. Les locaux ont la foi et mènent une vie discrète. La vente et la consommation d'alcool sont d'ailleurs plus limitées ici que dans le reste du pays. Il n'y a que chez eux que les habitants sont autorisés à en consommer. Des autorisations sont délivrées à de rares hôtels et restaurants pour satisfaire les désirs des touristes.

Summit, Rakesh et Vedant rêvent d'avoir un jour leur auberge. Si le rêve devient réalité, ils affirment que les Indiens ne seront pas acceptés. Ce qui est étonnant, c'est qu'aucun d'entre eux n'est du Ladakh. Sont-ils naturellement friands de la discrétion, ou le sont-ils devenus en vivant au contact des occidentaux ? Je n'en ai aucune idée. D'après mon expérience, nombreux sont les Indiens qui préfèrent les codes occidentaux. J'ai déjà entendu ce genre de discours lorsque je suis revenu en Inde à la fin du Covid, en novembre 2019. Après 2 années passées à vivre du tourisme indien, des commerçants m'ont partagé leur joie de revoir des touristes occidentaux, plus calmes et « respectueux »[84] que les Indiens.

---

[84] Selon la notion occidentale du respect.

Aujourd'hui, respecter les règles établies, remercier, saluer, jeter ses déchets à la poubelle, attendre son tour dans une file d'attente et ne pas couper la parole ne font pas encore partie des mœurs indiennes. En revanche, les personnes qui vivent au contact de ceux qui respectent ces principes semblent enclins à changer.

12 juin : Leh - Khardung La - A/R 70 km. T : 4 665 km.

Cette journée qui s'annonce des plus banales va pourtant devenir l'une des plus mémorables de ma vie.

Nous sommes le 12 juin 2023, mon réveil sonne, il est 7 h 45. C'est mon soixante-quatorzième réveil en Inde, loin de ma famille, de mes amis et de ma copine. Comme chaque matin, je prends quelques minutes pour observer les parties de mon corps. J'aime commencer ma journée en donnant de l'importance à celui qui me permet d'accomplir tant de choses depuis maintenant vingt-sept ans.

À peine sorti du lit, Satyaki m'annonce qu'il ne m'accompagnera finalement pas pour le voyage à vélo Leh - Manali. Cette nouvelle me chamboule. Cela fait une semaine que nous organisons cette étape et que je planifie la fin de mon voyage en fonction de celle-ci. Qui plus est, une étape qui me tient tant à cœur, pour le défi sportif et mental. C'était aussi l'occasion de redécouvrir ces paysages hors du commun que je n'avais pas pu observer durant ma première traversée. Alors que je m'étais mis en tête que nous la ferions à deux, la faire seul n'a pour moi plus aucun sens.

Il est impossible de compter le nombre de fois où un Indien n'a pas respecté la parole qu'il m'a donnée. De manière générale et d'après mon expérience, les Indiens ne refusent jamais. Ils acquiescent, même quand ils savent que c'est non. La notion d'engagement ne semble pas avoir autant de valeur que dans notre culture. Pour un certain nombre d'entre eux, il n'y a rien de dramatique à ne pas faire ce à quoi on s'est engagé. Je ne vois rien de personnel au changement soudain de Satyaki, mais je pensais qu'il était un homme de parole. Son manque de fiabilité me déçoit.

Pour me changer les idées je pars en balade à vélo avec François, en direction du col de Khardung La, la route carrossable qui a longtemps été la plus haute du monde avec un point culminant à 5 359 mètres. Elle part vers le nord, puis finit par s'enfoncer dans la chaîne himalayenne en direction de la Chine. La partie la plus montagneuse est inhabitée, elle abrite plusieurs pics à plus de 7 000 m d'altitude. Nous prévoyons de rouler quelques kilomètres avant de faire demi-tour à cause des chutes de neiges qui bloqueraient la route.

Nous partons après notre petit déjeuner, sans nourriture ni eau, pour ce que nous pensions être une courte balade où nous serions rentrés pour le repas du midi. Contre toute attente, il n'a pas fait assez froid et nous nous rendons compte après quelques kilomètres que la neige tombée la veille sur la chaussée n'a pas tenu. Le col est donc ouvert. Alors que l'opportunité de tester mes capacités dans un environnement hostile et inconnu avait disparu à mon réveil, une nouvelle opportunité voit le jour.

Sans hésiter, nous décidons de monter ce col qui se dresse devant nous : 2 100 mètres de dénivelé positif sur 35 kilomètres. Au départ de Leh, nous sommes à 3 500 mètres d'altitude. Si tout se passe bien, c'est à 5 359 mètres au-dessus de la mer que nous terminerons cette ascension.

Au bout d'une heure, nous commençons déjà à être affamés. Il est midi, le déjeuner était léger et nous n'avons rien emporté avec nous.

D'après le GPS, le prochain et unique « village » où nous pourrons acheter de la nourriture se trouve à 10 kilomètres, soit environ deux heures de montée. Par chance, nous trouvons une camionnette bien avant. À l'approche de celle-ci, s'imaginer pouvoir déguster un plat consistant pour nous accompagner tout au long de cette épopée nous excite. Malheureusement, cette camionnette n'a rien d'autre à offrir que des nouilles Maggi ou des sandwichs à l'œuf ou aux légumes. Ce n'est pas suffisamment calorique pour l'effort que nous nous apprêtons à faire. Après un maigre sandwich, nous reprenons tout de même la route vers le village que nous avions repéré, où nous espérons manger correctement.

Le temps est menaçant, un énorme nuage noir venant de l'ouest vient droit sur nous. Au lieu de nous encourager à renoncer, ce challenge supplémentaire nous donne l'envie d'accélérer.

Après deux heures de vélo, dont une sous la neige, nous arrivons au village. Les repas proposés sont identiques à ceux de la camionnette. Nous mangeons alors un sandwich de plus, buvons un *chaï*, emballons nos pieds dans des sacs plastiques pour contrer la pluie, puis nous repartons.

Après quelques kilomètres la neige se calme enfin, le soleil nous rejoint et nous continuons ensemble notre route. Il est 14 heures et nous avons parcouru 20 kilomètres. François commence à faiblir. À environ 4 500 mètres d'altitude et après un tel effort, chaque coup de pédale devient de plus en plus compliqué. François n'a aucune expérience en vélo, mais il persévère et continue d'avancer. À cause du manque d'oxygène, nous commençons tous les deux à avoir des nausées. Si nous suivons le même rythme, nous serons au sommet avant 18 heures.

À 16 h 30, cela fait déjà quelques kilomètres que nous ne nous disons plus un mot. Nos sourires ont laissé place à des visages fermés. Notre regard est fixé sur la route. Notre attention est posée sur notre respiration et notre rythme cardiaque est très élevé. François est plus lent, je préfère continuer à mon allure avant de m'arrêter pour l'attendre plus haut. Réduire ma vitesse casserait mon rythme et me rendrait la tâche encore plus compliquée. En étant devant lui, je le tire vers le haut, je le pousse à continuer. Nous n'avons que très peu mangé et François n'a pas fait de vélo depuis bien des années. Sa détermination est exemplaire, elle me donne la force de continuer. À ses côtés, je me sens plus fort que jamais.

À 17 h 30, chaque coup de pédale devient plus compliqué que le précédent. Maintenant, ce n'est plus le physique qui importe, mais le mental. Nous ne sommes plus en balade, mais en survie. Ce ne sont plus nos jambes qui nous font avancer, mais notre tête. Nous devons être aux alentours de 5 000 mètres d'altitude.

Chaque coup de pédale invite le cœur à s'emballer. Maintenir notre calme n'est pas une option, mais une obligation. La perte de contrôle mental nous amènerait certainement à un point de non-retour. Pas un mot, pas un regard. Doucement, nous avançons. Nous dirigeons notre attention sur notre respiration, afin de la maintenir la plus lente et régulière possible afin de rester concentré et de garder le contrôle de notre rythme cardiaque.

À environ 2 kilomètres de l'arrivée, je fais une courte pause. J'observe l'immensité de ce qui se dresse devant moi ; ces énormes montagnes recouvertes d'un épais drap blanc. Leur envergure et le manque d'air me déstabilisent. Je ressens un fort sentiment de vulnérabilité. Ce sentiment de confiance et de contrôle qui m'accompagne toujours disparaît d'un coup net. Moi qui pensais toujours garder le contrôle, je me retrouve totalement désemparé. Le stress prend le dessus. Mon rythme cardiaque, déjà trop élevé, s'emballe encore plus. Mon cœur bat si fort que j'ai l'impression qu'il va sortir de mon thorax, puis un énorme coup de chaleur m'envahit.

Pour la première fois de ma vie, je commence une crise de panique.

Je dois reprendre le contrôle. Je me concentre sur ma respiration qui est désorganisée. J'y accorde toute mon attention, j'inspire, j'expire, j'inspire, j'expire, profondément, doucement, calmement... Je réduis mon rythme cardiaque et je ne laisse plus de place aux pensées négatives qui me font paniquer.

Après quelques cycles de respiration, me voilà à nouveau détendu, prêt à attaquer les 2 derniers kilomètres. François est à quelques mètres derrière moi. Il n'est pas au courant de ce qu'il vient de se passer. Je ne dis rien pour éviter que ça ne lui arrive à son tour.

Nous allons si peu vite, qu'à moins d'un kilomètre de la ligne d'arrivée nous décidons de descendre du vélo. Même en poussant à pied, l'effort est d'une intensité indescriptible. Nous n'exprimons aucune plainte, aucun signe de souffrance, non pas par fierté, mais pour nous tirer vers le haut. Nous avançons, muets, en restant concentrés sur l'objectif final.

À 18 h 00 nous arrivons enfin au sommet, après sept heures d'ascension. François est amoché. Il y voit trouble et se sent très fatigué. Je ne suis guère mieux. Mon cœur a du mal à ralentir et les nausées ne se calment pas. Malgré la joie, notre état physique ne nous permet pas de profiter de l'instant présent. Il est déjà tard et nous savons que lorsque le soleil disparaît derrière les montagnes, il emporte avec lui toute source de chaleur, laissant place à la nuit glaciale. C'est donc après un court temps de repos, quelques minutes de contemplation et une séance photo que nous repartons pour 35 kilomètres de descente.

Cette dernière étape semble être agréable, mais avec la vitesse, l'air frais nous glace. Il n'y a pas d'efforts à faire alors notre corps ne se réchauffe pas. Notre équipement est trop léger, nous sommes, une fois de plus, à la merci de cette nature. Nos vélos étant dépourvus de lumières, nous décidons de maintenir le rythme pour arriver avant la nuit noire.

Nous continuons de nous laisser aller sans dire un mot, dans le froid et la douleur, les yeux rivés sur la route. Après 1 h 10 de descente, pétrifiés, nous arrivons à Leh.

Ayant déjà parcouru 2 500 kilomètres à vélo en Inde et après de nombreuses retraites et années de méditation, je pense avoir été physiquement et mentalement préparé à un tel challenge.

À travers ces expériences, j'ai découvert que lorsque notre mental est sous contrôle, notre corps est capable de beaucoup plus que ce que l'on croit. À certains niveaux de stress, le simple fait de positiver n'est pas suffisant et sa gestion se fait par le biais de la respiration. Contrairement à moi, François ne fait pas de vélo et ne médite pas. Je lui ai partagé ce que j'ai appris et il l'a mis en pratique. Malgré la fatigue et la douleur, il a su se persuader qu'il en était capable. Il a concentré son attention sur sa respiration et sur les coups de pédales qui lui permettraient d'arriver à destination, plutôt que sur les pensées qui l'invitaient à arrêter.

Je suis heureux d'avoir pu partager cette expérience avec une personne aussi courageuse que François. Il nous montre à tous que nos seules limites sont celles que nous nous imposons. Nous sommes tous constitués pour être forts, heureux et en bonne santé. Nous devons juste trouver les outils pour les développer. Aujourd'hui, François a découvert certains outils puissants qui étaient encore dormants et qui lui ont permis de terminer cette ascension. Après une telle journée, je rêve d'une douche chaude et d'un bon repas chaud pour ensuite me blottir sous les draps.

De retour à l'auberge, le destin en a visiblement décidé autrement. Une dizaine de personnes, dont quelques occidentaux, dansent à la réception. Le groupe est alcoolisé. Satyaki est au milieu, saoul, une cigarette dans la main droite, une bière dans celle de gauche.

François rentre dans trois jours et après tout, nous avons une victoire à fêter. Quelques bières l'entraînent dans la même ivresse que Satyaki. Après quelques danses, François et moi partons dîner avec un Danois et deux Indiennes dans un restaurant karaoké. À notre arrivée, c'est une nouvelle surprise. Tous les clients sont ivres. À ce même endroit la semaine passée l'alcool était interdit. Quel vent de folie a soufflé aujourd'hui sur la sainte ville de Leh ?

Désinhibés, tous sont sans gêne. Le poids des cultures et des barrières sociales a complètement disparu. Nous mangeons et dansons tous ensemble, dans la joie et la bonne humeur.

De retour à l'auberge, Vedant, le manager, nous met gracieusement à disposition une chambre privée pour terminer notre soirée à quatre avec François, Vaidehi et Anushka, les deux indiennes. À ce stade de l'ivresse, l'alcool détend et rapproche l'humain. Amoureux et comblé, je préfère quitter la pièce. Lorsque je monte dans ma chambre, je retrouve le Danois que nous avions allongé sur le canapé. Il gît à présent sur le sol, au milieu du salon, recouvert de son vomi. À ce stade de l'ivresse, l'humain est souillé, il ne ressemble plus à rien.

Demain, François s'envolera pour Leh et je prendrai la route pour New Delhi. Satyaki m'a abandonné pour une autre et c'est avec elle qu'il continuera son voyage. Il est le compagnon de voyage que j'ai rêvé d'avoir. Le quitter sera compliqué. Je me souviens encore du jour où nous nous sommes rencontrés. Je buvais un café lorsque Satyaki est rentré dans le bar en s'exclamant « _Marceau, you are here_ », comme si nous étions de vieux amis. Depuis, nous ne nous sommes plus quittés. Vivre hors de sa zone de confort avec d'autres personnes lie de profondes amitiés. Je ne reverrai certainement plus jamais Satyaki. De ces trois semaines, il ne restera que des souvenirs gravés dans mon cœur et des moments d'existence profonds que la distance ne pourra effacer. L'impermanence des rencontres et les adieux sont inévitables lorsque l'on est itinérant. Cela m'aide à vivre chaque moment comme le dernier.

Je devrai aussi me séparer de Summit, Rakesh et Vedant, les trois jeunes de l'auberge qui ont tout fait pour que je puisse me sentir chez moi, même à l'autre bout du monde. Les petits déjeuners et les _chaïs_ à leurs côtés m'ont procuré beaucoup de tranquillité. Ils m'ont accueilli comme un frère et j'ai l'impression de les quitter comme un traître. Eux aussi rêvent de partir découvrir le monde, mais en Inde, l'envie de faire ne suffit pas toujours. En travaillant six jours sur sept, leur salaire ne leur permet pas de mettre de l'argent de côté pour ensuite voyager. Je ne me sens pas responsable, mais faire face à ces inégalités réveille en moi certaines émotions.

L'après-midi, nous partons saluer les commerçants avec qui nous avons créé des liens au fil du temps : les cafés où nous allions lire et écrire, Arif, le sage et ses écharpes en cachemire, l'oncle dans son restaurant local avec ses *thalis* à 160 roupies[85] et Ngawang, la boulangère du centre.

15 juin : Leh - Darcha 325 km. T : 4 990 km.

C'est le grand jour. Il est 6 heures du matin, c'est l'heure pour François de quitter l'auberge. Pour nous deux, c'est juste un au revoir. Après un petit déjeuner et le thé quotidien partagé avec Summit, Vedant et Satyaki, c'est à mon tour de partir. Remplis d'amour, les adieux sont compliqués.

À 10 heures, je suis en selle. 935 kilomètres me séparent de ma destination finale : l'appartement de Shiv, à New Delhi, où je vais séjourner jusqu'à la fin de mon périple.

Aujourd'hui je pense faire 325 kilomètres, en stop, pour arriver jusqu'à chez Acho. De là-bas je me rendrai à Manali en vélo, pour enfin prendre un bus jusqu'à New Delhi.

D'un signe de la main, j'arrête le premier camion qui passe. Faire du stop en Inde est aussi simple qu'acheter une baguette de pain en France. Lorsque la vie est compliquée, l'entraide semble devenir naturelle. Aux yeux du monde occidental, l'Inde est un pays en retard et pourtant, une fois de plus, l'expérience me montre que nous avons bien des choses à lui envier.

Il est 11 heures et si le trajet se déroule correctement je devrais arriver chez Acho pour le dîner.

---

[85] 1,80 euros

Après une heure de trajet, nous nous arrêtons pour un *chaï*. Cette fois-ci, j'ai pu payer la note. Avant de repartir, le chauffeur sort une pâte noire cellophanée qui s'apparente à du haschich et en croque un morceau. Lorsque je lui demande ce que c'est, il me répète en hindi « *afeem, afeem* ».

Les kilomètres de montée malmènent les camions. L'un d'entre eux a lâché à quelques centaines de mètres du col. Nous nous arrêtons pour lui venir en aide. Les traces noires sur la route, marquées par le pot d'échappement, m'empêchent d'être optimiste. Aux alentours de 5 000 mètres d'altitude, il n'y a que de la roche à perte de vue. Il n'y a rien, ni personne, aucune distraction, pas d'internet, de téléphone, de bruit de klaxon ou de pollution. L'état de la mécanique est chaotique, la nature qui nous entoure est merveilleuse. Dans ce silence absolu, je suis heureux d'exister.

Les minutes passent et le problème persiste. Après plusieurs tentatives, le camion ne démarre toujours pas. Impuissants, nous reprenons notre chemin et nous laissons le destin de ces hommes entre les mains des dieux du ciel.

Les véhicules accidentés témoignent de la dangerosité de ces routes. Elles sont sinueuses, étroites, rocailleuses et sans barrières de protection. Lorsqu'un conducteur a le malheur de perdre le contrôle, il chute à des centaines de mètres plus bas. Nombreux sont les bouts de ferraille et les hommes disparus dans le creux de ces vallées.

Mon chauffeur est à bloc. Élancé à toute allure, il semble connaître chacune des courbes que nous franchissons. Certains passages n'ont de place que pour un véhicule. D'un côté, il y a un mur de roche, de l'autre, c'est le vide. Dans les virages les plus serrés, les roues du camion sont encore sur la route pendant que la cabine est dans le vide. Ces moments m'aident à ressentir la fragilité de la vie et cela ne m'effraie pas, bien au contraire, ils me forcent à me sentir vivant.

Nous marquons un nouvel arrêt à 20 heures dans un des campements installés pour alimenter les gens de passage. L'énergie de mon chauffeur, c'est le whisky. Il s'achète une bouteille, puis nous repartons.

Contre toute attente, nous arrivons à Darcha à 22 heures, soit après seulement onze heures de trajet.

16 juin : Darcha, km 4 990.

« *Marceau, Marceau, chaï is ready* »[86]. J'ouvre la toile de tente et retrouve Acho avec deux tasses fumantes. La vallée qui se trouve devant nous a complètement changé de visage. Il m'avait prévenu, lorsque je reviendrai, tout sera différent. La douceur du printemps a invité la faune et la flore à refaire surface. C'est maintenant le début de l'été. Les parcelles réservées à l'agriculture ont été nettoyées et les graines sont en train d'être plantées. Après avoir passé l'hiver dans les enclos à l'abri du froid, les vaches peuvent enfin pâturer dans l'herbe fraîche en toute liberté. Les fleurs ont éclos, les insectes en font leur festin. Pendant environ cinq mois, tout le monde profite du soleil et prépare les provisions pour les mois à venir sous les mètres de neige.

Acho parle anglais avec les clients, un dialecte des montagnes avec sa famille et hindi avec d'autres. Il connaît la signification du mot « *afeem* », ce produit n'était pas du haschich, mais plutôt de l'opium. Je

---

[86] Marceau, Marceau, le chaï est servi.

comprends maintenant comment nous avons pu rouler onze heures sans prendre un seul repas.

Je profite de la journée pour me reposer avant cette ultime étape en haute montagne. Demain, 105 kilomètres d'efforts m'attendent, avec 1 300 mètres de dénivelé positif et 2 800 mètres négatif afin de redescendre à Manali.

Laver mes affaires à la main est devenu agréable avec le temps. À nouveau, l'expérience m'a appris qu'en remplaçant une machine pour accomplir ce que je souhaite, je ne ressens pas la même satisfaction qu'en utilisant la force de mon corps.

Pendant la saison, Acho héberge un ingénieur civil et son chauffeur. Le premier, Rohan, âgé de 27 ans, dort dans une chambre privée. Le second, âgé de 40 ans, occupe un lit dans le dortoir. Le comportement de Rohan m'interpelle. Il semble être plus à l'aise qu'Acho qui est dans sa propre maison.

> — *Rohan, do you have siblings ?*
> — *Yes I do, I have one sister*
> — *Then you must be a brahman[87] !*

Sourire jusqu'aux oreilles, il me répond *"Exactly, how could you guess ?"*

Son statut d'ingénieur m'indique qu'il vient d'une famille aisée et son air capricieux et condescendant me pousse à croire qu'il est privilégié. Qu'il ose dire qu'il ne cuisine pas car il trouve cela inutile, en

---

[87] La caste la plus élevée du pays. Les brahmanes sont les êtres purs et doivent se garder de tout contact impur. C'est pour cela que cette caste emploie les dalits pour les tâches jugées impures.

étant à côté d'Acho qui est en train de lui préparer son petit déjeuner, ne fait que confirmer mon hypothèse.

Faire partie de la caste supérieure en Inde procure de nombreux privilèges ce qui amène certains à croire qu'ils valent mieux que d'autres. Mais tout privilège a ses limites et dans son cas, elles commencent à la frontière de son pays. Dans les régions du monde où se payer une cuisinière est inabordable et ne sachant pas subvenir à ses besoins, il serait comme un poisson perdu dans un océan de requins.

— *How would you do if you go outside of the country ?*
"I don't care I will not leave" me dit-il d'un rire jaune.

17 juin : Darcha - Manali 105 km. T : 5 095 km.

« Un étranger est un ami qu'on n'a pas encore rencontré » proverbe irlandais.

Acho insiste pour que je reste quelques nuits de plus, mais la route m'appelle. Nous partageons tous les quatre quelques pancakes avant de partir. Rohan et son chauffeur partent plus haut dans les montagnes pour travailler, je prends la direction de la ville et Acho reste ici pour attendre les nouveaux arrivants.

Au poste de contrôle, je rencontre un Suisse à vélo. Cela fait sept mois qu'il est parti de chez lui, seul, pour arriver jusqu'en Inde. Il m'informe qu'un cycliste allemand se trouve quelques kilomètres plus loin, dans la direction de Manali. Lui part en direction de Leh, c'est ici que nos chemins se séparent.

L'idée de passer la journée avec un compagnon de voyage me plaît. Je pédale à toute allure pour le rattraper. Après 30 kilomètres sans pause, je n'ai encore trouvé personne. Il est 11 h 30, je m'arrête dans le village de Keylong. J'avale deux énormes samosas garnis de pois chiches et d'oignons baignant dans une délicieuse sauce aux multiples épices avant de poursuivre ma quête.

Vers 13 heures, je rencontre deux nouveaux cyclistes qui roulent aussi en direction de Leh. Ils ont croisé l'allemand, il se trouve à environ 2 kilomètres d'ici. Maintenir un rythme effréné m'empêche d'être contemplatif. J'abandonne mes désirs pour profiter pleinement de ce que j'ai dans l'instant.

Je traverse quelques zones plates à travers les vallées, des montées en zigzag, des routes sinueuses et je me laisse aller dans les nombreuses descentes. Les conditions sont parfaites, la température avoisine les 23 degrés, le ciel est découvert et le chemin peu emprunté.

La neige a beaucoup fondu depuis mon dernier passage. Seuls les sommets en sont toujours recouverts. Plus l'altitude diminue, plus la nature reprend vie. Les routes sont bordées de pissenlits. Les sapins explosent de vitalité et m'envoûtent de leur fragrance.

À 15 h 20, j'ai déjà avalé les 1 300 mètres de dénivelé répartis sur 70 kilomètres. La prochaine étape est ce long tunnel de 8 kilomètres où le manque de ventilation rend l'air irrespirable. Contrairement à l'aller, je préfère le traverser dans un véhicule. J'arrête une dizaine de voitures, en vain. Il n'y a que des taxis qui promènent des touristes. Des policiers me viennent en aide, ils arrêtent le premier pick-up qui passe et en un instant, je me retrouve dans la benne avec mon vélo. Cela est illégal, mais en Inde, la commodité prime souvent sur la règle. Lorsque les moyens manquent, nous ne faisons pas par rapport à ce que la loi nous autorise, mais plutôt avec ce que nous avons. La traversée du tunnel à l'arrière du pick-up me laisse le temps de réfléchir à ce qui vient de se passer. Les lois qui maintiennent l'ordre dans une société protègent le

198

citoyen, mais elles peuvent aller à son encontre lorsqu'elles sont appliquées sans libre arbitre par les forces de l'ordre. Dans certains cas, je crois que la loi qui dessert le peuple est faite pour être enfreinte, non pas par plaisir, mais plutôt par nécessité.

La fin du tunnel ouvre une nouvelle parenthèse. Elle signe la fin de la haute montagne. Les 3 300 mètres d'altitude minimum et les pics à plus de 5 000 sont derrière nous. Avec 22 kilomètres de descente pour arriver jusqu'à Manali, je n'ai à m'élancer qu'une seule et unique fois pour arriver à destination. Les contraintes liées à l'altitude sont derrière le tunnel. Le soleil est présent en ce début d'été, l'Inde retrouve la forme. La végétation est très dense et la faune est variée. Des chevaux, des aigles, des abeilles et bien d'autres animaux partagent le spectacle avec les milliers de touristes. Ici, sont installés d'innombrables tyroliennes géantes, des agences de parapente, de vélo de descente, de rafting et des murs d'escalade.

À l'aller, ce chemin était désert. À présent, il est bloqué par les véhicules des milliers de touristes en quête de sensations fortes.

Je ne reconnais plus le centre-ville. Les rues grouillent d'humains. Nous sommes à 2 000 mètres d'altitude et pourtant, l'endroit est plus épouvantable qu'un 15 août sur la Promenade des Anglais. Les rues sont bruyantes, les klaxons fusent de part et d'autre et l'air est pollué.

Je traverse le tas de touristes qui s'est accaparé le cœur de la ville pour aller dans les hauteurs. Ces touristes recherchent la facilité, s'éloigner de quelques centaines de mètres tout en montant suffit pour les éviter. Je m'arrête pour la nuit dans l'auberge la plus haute de la rive gauche. D'ici, j'observe avec dégout cette magnifique vallée suffoquer.

J'apprendrai plus tard que le cycliste allemand m'a précédé de quelques minutes seulement. L'agitation à Manali est trop forte, dès son arrivée il a pris un bus pour quitter la ville. Voyager dans les montagnes en basse saison, bien qu'il fasse extrêmement froid, offre de nombreux avantages. Les locaux ont plus de temps à accorder aux voyageurs, les interactions sont donc plus intéressantes. Les prix des logements sont plus bas, les auberges et les restaurants ont toujours des places disponibles et surtout, les rues sont plus calmes et plus propices à la découverte. Quitte à être dans un endroit surpeuplé, je préfère être chez mon ami Shiv qu'ici. À mon tour, je prendrai le bus pour New Delhi dès demain soir.

18 juin : Manali - New Delhi 570 km. T : 5 665 km.

Dans l'auberge, je rencontre deux amis trentenaires du sud de l'Inde, arrivés à Manali depuis maintenant deux semaines. En tant qu'ingénieurs, ils ont déjà passé de longues périodes enfermés dans des bureaux, derrière un écran d'ordinateur. Avant le Covid, cela ne leur posait pas de problème. Ne connaissant rien d'autre ils s'étaient accommodés.

Malgré de nombreux aspects négatifs, la crise sanitaire a permis à certaines personnes de vivre de nouvelles choses. Pour la première fois, les employés ont commencé à travailler en dehors des bureaux. Après avoir goûté à la flexibilité des horaires et du lieu de travail, ces deux Indiens se sentent plus libres et épanouis. Ils ne reprendraient en aucun cas l'ancien mode de vie qu'ils acceptaient pourtant dans le passé. Nous ignorons ce que nous ignorons, c'est en essayant de nouvelles choses que nous pouvons nous rendre compte que la situation que nous acceptions n'est pas celle qui nous anime le plus.

La fin de cette étape en montagne est à l'image de ce qu'est devenu Manali en seulement trois semaines : puante. Le chauffeur du bus me demande 20 euros supplémentaires pour transporter mon vélo dans la soute, contre 4 euros à l'aller. Il me crie dessus de manière inconsidérée et menace de partir sans moi pour me mettre la pression. Par chance, j'ai encore le numéro du chauffeur de l'aller. Lorsque je l'appelle pour lui expliquer la situation, il me demande de tendre le téléphone à l'autre homme. Après avoir raccroché, celui-ci s'est calmé et m'annonce d'une voie douce que 5 euros suffiront. En haute saison, les touristes viennent se divertir tout autant que les locaux les escroquent.

Il est imprudent de manger dans les aires de repos lorsqu'on prend le bus. Leurs restaurants sont souvent gras et piquants et les bus ne sont pas équipés de toilettes. Aujourd'hui, je préfère jeûner car celui qui connaît le goût de l'enfer ne s'y risque plus jamais. Après plusieurs heures à serrer les fesses, corps et âme, celui qui a dû faire ses besoins dans la rue d'une ville de 500 000 habitants, caché par une simple poubelle et laissant derrière lui chaussettes, caleçon et dignité, n'est jamais assez prévoyant pour ne plus revivre un tel épisode traumatique.

19 juin

Les contrastes entre les montagnes et New Delhi sont flagrants. À la descente du bus, je retrouve instantanément l'odeur puante et toxique qui veille sur la ville tout au long de l'année. Il est 6 h 30, les rues sont déjà bien actives pour cette heure matinale. Les piétons commencent leur activité au milieu des poubelles, des flaques d'eau noire et des fils électriques. Je traverse le vieux Delhi en faisant abstraction de ce désordre.

Je me sens lourd, fatigué, nauséeux et je ne peux rien avaler. Le manque d'énergie me cloue au lit pour la journée. Sans diarrhée, ni vomissement, ce n'est pas l'eau ni la nourriture mais plutôt l'air que j'accuse. Plusieurs personnes m'ont déjà fait part de symptômes similaires lors de leur arrivée en Inde dans des grandes villes comme celle-ci, où la qualité de l'air est médiocre. Durant cette partie de l'année, qui est pourtant la moins pire, le gouvernement suggère aux personnes sensibles d'éviter l'exercice en extérieur. Au printemps, la qualité de l'air est si mauvaise que le gouvernement impose de nombreuses restrictions comme la fermeture des écoles par exemple. Pendant plusieurs mois, la capitale est enveloppée d'un brouillard opaque qui restreint la visibilité à quelques centaines de mètres.

Dans mon cas, une journée de repos et de jeûne me suffisent pour retrouver la forme. Pour les 20 millions de personnes qui vivent à Delhi et les millions d'autres dans les grandes villes, la situation est plus désastreuse. Les particules fines sont cancérigènes, elles pénètrent le sang et les poumons et sont à l'origine de plus d'un million de décès chaque année.

21 juin

Il ne me reste maintenant que six jours avant mon retour en France. J'en profite pour revoir des amis et pour visiter cette ville chaotique dans laquelle vivre serait un enfer, mais y séjourner quelques jours apporte de riches enseignements.

Le midi, je me rends à Connaught Place, une grande place circulaire héritée du passage des Anglais regroupant les principaux centres financiers, commerciaux et d'affaires de la capitale. C'est l'une des places phare de la ville où les gens aisés viennent faire du shopping, manger ou boire un coup au bar. Malgré quelques vendeurs à la sauvette et quelques estropiés, c'est l'une des places les plus propres et les plus réputées de la ville.

C'est ici que Vaidehi m'a donné rendez-vous pour le déjeuner. François et moi l'avions rencontrée, elle et sa cousine Anushka, quelques jours plutôt à Leh. Nous déjeunons dans un restaurant chic de la place. Dès mon arrivée, deux choses m'interpellent. La première est la prédominance des femmes et la seconde est qu'elles sont principalement en surpoids. C'est aujourd'hui mercredi, le jour de la *"kitty party"*. Les femmes des classes sociales les plus élevées se regroupent pour déjeuner et jouer à des jeux de société. Le salaire de leur mari suffit pour qu'elles se divertissent sans avoir à se préoccuper de gagner de l'argent. Ce sont de beaux privilèges financiers, égaux à une semi-liberté au regard de la dépendance financière qu'elles ont vis-à-vis de leurs époux.

C'est aussi grâce à cet argent que ces classes se déchargent de tout. Elles délèguent les tâches de cuisine, de ménage et même de transport. Chaque action physique étant limitée et ayant l'habitude de consommer plus que nécessaire, ces gens s'engraissent et pourrissent de l'intérieur. La différence est d'autant plus choquante après trois mois passés avec les classes basses et moyennes du pays qui mangent en quantité limitée et qui gagnent leur beurre à la sueur de leur front. N'est-elle pas là, la maladie du siècle ? Celle de déléguer ou automatiser toute tâche dans la quête du moindre effort ?

Plus étonnant encore, dans ce pays où des millions de personnes sont affectées par le manque de nourriture, d'après Vaidehi, être bien en chair est devenu un signe de réussite dans les yeux troublés de cette société.

La nuit venue, la place change de visage. Les magasins ferment et les vendeurs ambulants accaparent les lieux. En quelques minutes seulement, certaines rues passantes deviennent des marchés de nuit. D'un grand drap à même le sol, chacun détermine son point de vente. Chaque étal est éclairé par un petit lampadaire branché sur des batteries portables. Parmi les commerçants, il y a aussi des tatoueurs. Une lampe posée sur une table de chevet, quelques tabourets et un pistolet de tatouage suffisent à reconstituer un salon. Jivan est en train de se faire tatouer मामन, ce qui signifie maman en hindi. D'après lui, c'est ici le meilleur endroit pour se faire tatouer. Ils sont professionnels, précis et les prix défient toute concurrence. Pour dix minutes de souffrance et 5,50 euros en moins, le voilà marqué à jamais. Pour fêter ça, Jivan et sa copine m'invitent à dîner chez eux. Les rencontres sont faciles et les sollicitations constantes. Ce soir, je décline une énième invitation pour me rendre au Gurudwara Sri Bangla Sahib, le plus grand temple Sikh de Delhi.

Des milliers de visiteurs sont déjà présents. Les Sikhs ont la réputation de nourrir chaque personne dans le besoin. Pèlerins, pratiquants et déshérités s'y réunissent donc chaque jour. Le temple est ouvert à tous, il suffit de mettre un turban, d'enlever ses chaussures et d'avoir une tenue décente. Certaines personnes y prient, d'autres se baignent dans le bassin pour se purifier de leurs péchés. La beauté de ce gigantesque bâtiment en pierres blanches et la propreté des lieux me plongent dans une bulle hors du temps.

Des centaines de personnes s'amassent à l'entrée de la salle de repas. J'observe la scène avec curiosité. L'un des visiteurs me propose de me joindre à lui. En silence, nous assistons aux chants religieux prônant l'amour et la bienveillance envers les visiteurs du temple. Toutes les vingt minutes 1 000 personnes sont accueillies. À notre tour, nous entrons dans la pièce principale afin de nous joindre à l'une des dix files d'attente. Avec une rigueur militaire, les croyants accomplissent leur tâche. Pendant que nous sommes assis, un premier nous amène un plateau en acier, un second le *dalh*, un autre le riz, les légumes puis les *chapatis*. La nourriture est à volonté, mais nous devons manger très vite. Ici, 30 000 personnes sont accueillies gracieusement chaque jour, 24 heures surn24 et 7 jours sur 7, grâce aux donations et aux bénévoles sikhs.

23 juin

La fin de la levée de fonds approche et de nombreuses personnes se manifestent. À mon réveil, la cagnotte a dépassé l'objectif initial des 2 000 euros. Grâce à quelques messages supplémentaires sur les réseaux sociaux, j'espère qu'elle va continuer d'augmenter durant les prochains jours.

À 9 heures, Didi est déjà aux fourneaux. Comme chaque matin, dès lors qu'elle me voit sortir de la chambre, elle me sert un *chaï*. Depuis maintenant six ans, Didi est la cuisinière de Shiv, Ankit et Ravi. Elle et moi avons le même âge. Nous ne nous comprenons pas, mais nous rigolons beaucoup. Je ne sais pas pourquoi, mais à chaque fois qu'elle me sert, elle me parle en hindi et rigole. Lorsque je tente de faire la vaisselle, Didi me la retire des mains et rigole. Lorsque je joue de la guitare, elle rigole. Lorsque je me balade en caleçon, elle rigole aussi. Finalement, Didi c'est la femme de maison et c'est aussi l'animatrice. Sa bonne humeur se répand dans l'appartement et sa douceur allège cet environnement masculin.

Il ne me reste que trois jours avant mon départ. En ce moment, Shiv est très occupé avec sa demande de visa pour l'Angleterre. Les conditions sont strictes pour qu'un Indien soit autorisé à se rendre en Europe. Il passe ses journées à récupérer des documents justifiant sa capacité à financer son séjour à l'université d'Oxford pour continuer son doctorat en sciences politiques.

Seul, je me rends à Connaught Place pour y boire un café, lire de la philosophie Indienne de Krishnamurti et puis écrire. Pour le repas, je me rends à Chandni Chowk, un quartier dans le vieux Delhi où se trouvent les meilleurs nans de la ville. Seulement trois stations de métro séparent Connaught Place de Chandni Chowk et pourtant, elles suffisent à délimiter deux mondes aux antipodes.

Le premier, c'est le nouveau Delhi. Des arbres sont plantés, les gens sont éduqués. Les mentalités évoluent, les femmes sont apprêtées, elles sortent dans la rue et travaillent. L'architecture est européenne. Le consumérisme occidental et l'argent gouvernent.

L'autre, c'est le vieux Delhi, une partie de la ville où les bâtiments et les traditions sont restés inchangés. Une fourmilière humaine grouille dans des ruelles étroites, sombres, sales et remplies de déchets. On y retrouve toutes les saveurs de l'Inde : celle du thé, des épices, de la nourriture qui sort des marmites, des encens, des poubelles, des excréments ou de la moisissure. C'est ici que des gens vivent, survivent et parfois meurent. C'est ici, que quatre ans plus tôt, j'ai vu pour la première fois le corps d'une fillette inanimée, et dans les parcs, les plus désemparés s'attrouper par dizaines pour se défoncer.

Malgré la misère et le chaos qui y règne, cet endroit est l'un de mes préférés à Delhi car il agit sur moi comme un électrochoc. Au milieu de cela, le simple fait de me savoir en bonne santé, avec la certitude d'avoir un toit et à manger me procure une immense gratitude. Quelques heures passées dans ces rues me font gagner des années de sagesse. C'est également ce chaos qui m'aide à devenir plus altruiste. Lorsque je vois cette misère, ces êtres humains qui pourraient être mes grands-parents, mes parents, ou bien mes frères et sœurs, lutter contre la misère et l'injustice n'est plus un droit, mais un devoir.

Ici, l'intensité est telle que l'Occidental est poussé à remettre ses croyances, ses attentes et sa conception de la vie en question. C'est ici que les étrangers venus visiter le pays repartent grandis et s'élèvent en tant qu'Homme, ou repartent détruits, affligés et démunis face à une réalité qu'ils ne peuvent pas digérer.

Le restaurant Kake di hatti est en plein cœur du quartier. J'ai entendu dire que c'est ici qu'on mange le meilleur *nan* de la ville. La propreté et l'état général me poussent à croire qu'il n'a pas été rénové depuis sa date d'ouverture en 1942. Comme le disait mamie, c'est dans les vieux pots que l'on fait les meilleures confitures. Elle avait raison, c'est en effet dans ces *dhabas* que l'on mange le mieux et le plus authentiquement. L'odeur des marmites sur le feu me prend le nez et crée en moi un orgasme sensoriel. Il fait chaud et humide, les clients sont plus suants les uns que les autres. À chaque table se trouvent d'énormes *nans*. Les plus gros font au moins 50 centimètres de long. Il en existe à l'ail, nature ou au beurre, mais jamais au fromage. Le *nan* au fromage venant d'Inde est un mythe. Il n'y a que chez nous que nous pouvons en trouver. Sans surprise, la nourriture est excellente. Est-ce le meilleur *nan* de la ville ? Je n'en suis pas sûr, mais c'est certainement ici qu'on trouve les plus grands.

Chandni Chowk est connu pour accueillir le marché Khari Baoli, le plus grand marché d'épices d'Asie. Pour se procurer ces produits convoités par le monde entier, il faut slalomer entre les vaches, les rats, les chiens errants, les vélos, les motos, les *tuk tuks*, les piétons et les porteurs qui transportent les épices sur leurs chariots par centaines de kilos.

Entre la circulation, les klaxons, les cris et les négociations, les bruits sont incessants et tous mes sens sont en alerte. Pour éviter la bousculade, je reste concentré. L'exercice peut paraître ennuyeux, mais de cette manière je suis forcé d'éteindre le pilote automatique que j'utilise trop fréquemment durant la journée, pour être conscient et pleinement présent dans l'instant.

On y trouve des herbes et des fruits secs de tous les horizons. La diversité des produits rend les étals multicolores : le rose orangé de la fleur de muscade, le jaune du curcuma, l'orange de la cannelle, le rouge du piment, le blanc de la coco râpée, le marron du cumin, le vert de la cardamone, tout y est. En poudre ou en morceaux, au détail ou au kilo, ici tout est possible. Les épices sont fraîches, l'odeur est intense. Les goûter brutes crée un mélange de plaisir et de dégoût à travers des saveurs qui m'étaient jusque-là encore inconnues.

À la sortie du marché, une ligne droite s'étend sur presque un kilomètre, jusqu'aux pieds d'une gigantesque forteresse à la pierre rouge, l'un des immanquables de Delhi. Cet endroit est l'unique partie de la ville où les engins motorisés sont interdits. Pour transporter les touristes, les vélos taxis remplacent les chauffeurs conventionnels.

— *Bhaiya I can pay but I pedal and you sit on the back ṭhīka ?*[88]

Le chauffeur est confus, mais il accepte. Après une semaine sans faire de vélo, je me retrouve enfin à pédaler en plein cœur de la ville et sans aucun danger. Je mouline pendant que mon passager tente de

---

[88] Frère, je te paie mais je pédale et tu montes à l'arrière, d'accord ?

m'expliquer en hindi les règles de conduite à suivre. Je double un, deux, puis trois autres taxis. Sous les yeux d'un public ébahi, nous dévalons la piste à toute allure. Comment se fait-il qu'un blanc soit en train de transporter un chauffeur de taxi vélo ? Les classes sociales plus élevées ne se mettent pas au service des plus basses. Moi oui, car je ne crois pas en ce système qui divise l'humain et qui donne plus de pouvoir à des gens pas forcément plus philanthropes que les autres.

Le soir, Shiv, Ankit, Ravi et moi nous retrouvons au salon pour discuter de notre journée autour d'un *chaï*. La vidéo du taxi vélo que j'ai partagée sur internet a fait fureur, leurs familles et leurs amis sont déjà tous au courant.

25 juin

En seulement vingt-quatre heures, la levée de fond a encore augmenté de 390 euros et s'élève maintenant à 2 480 euros. Ces quelques dizaines d'euros donnés par une cinquantaine de personnes serviront à plusieurs centaines d'autres. Avec l'association Karuna Shechen, 2 000 euros suffisent pour construire deux étangs qui permettront d'irriguer les cultures de deux villages.

Je pense que les réseaux sociaux sont dangereux pour les utilisateurs, autant pour le porteur du message que pour son lecteur. C'est pour cela que je me suis toujours empêché de partager mes voyages. Vivre à travers un écran, se bâtir une image et une confiance en soi fictive grâce à des likes est la source de nombreuses souffrances. Parce que l'égo aime être complimenté, l'utilisation des réseaux doit être faite de manière consciente. Pour cela, je prends la peine d'observer mon comportement et mes schémas de pensées. Avec la maturité, je pense arriver à prendre du recul et, de manière générale, utiliser les réseaux sociaux à bon escient. J'ose maintenant le faire et, à mon échelle, j'essaie d'apporter de l'aide aux plus démunis et de porter un message altruiste et bienveillant envers le monde, sans être trop impacté par les retours positifs ou négatifs que je reçois.

Le reste de la journée est tout autant gratifiant que cette levée de fond. L'équipe de France 2 m'attend dans ses bureaux pour un atelier sur la gestion du stress et la maîtrise de soi. Après avoir sensibilisé les participants sur les nombreux bienfaits de la méditation, je leur partage l'impact de la respiration sur notre corps physique et psychique. Parce que la théorie a peu de valeur sans la pratique, nous faisons ensuite un exercice de respiration, une séance de méditation puis une immersion dans de l'eau glacée. En s'immergeant dans une eau à 1 degré, les participants utilisent la méthode de respiration enseignée pour maintenir un esprit calme dans un environnement aussi stressant que celui-ci. Ainsi, celui qui s'immerge réalise par l'expérience directe que la maîtrise de soi est à la portée de tous et dans n'importe quelle situation. En quelques minutes seulement, nous pouvons dépasser certaines de nos pensées limitantes.

Pour cela, nous avons seulement besoin d'une grande poubelle remplie d'eau et quelques kilos de glace. Angélique a tout prévu, mais la personne qui doit amener la bassine vient de se désister. Comme d'habitude, rien ne se passe comme prévu. En quelques coups de fils, Angélique trouve un congélateur que nous nous faisons livrer dans les temps. Un autre homme suit de peu et nous apporte la glace en transportant un bloc de trente kilos à l'avant de son scooter. Après trois mois en Inde je pensais avoir tout vu, mais visiblement ce pays me réserve encore de drôles de surprises. Après quatre années d'études et de pratique assidue, je partage aujourd'hui, avec gratitude, une partie de ce que j'ai appris sur la terre où j'ai commencé ce chemin.

Shiv et moi repartons au marché à vélo pour récupérer un nouveau carton.   Lorsque nous arrivons sur place, quelques adolescents recouverts de crasse et de vêtements troués s'amusent et se courent après. Le dernier du groupe est plus lent et sa démarche est anormale. À chaque pas, son pied se balance, il n'y a que sa peau qui l'empêche de se séparer de la cheville. À la rue et estropié, il semble pourtant si joyeux. Son sourire et la douceur qui émane de son visage me transpercent le cœur. Il me marquera à jamais. Ce sera la dernière occasion de recevoir une invitation à aimer la vie telle qu'elle est, aujourd'hui et maintenant. Né dans un pays riche, j'ai eu la chance de manger à ma faim, de suivre une scolarité, de boire de l'eau potable depuis le robinet et de me faire soigner lorsque j'étais malade, mais cela n'est pas le cas de tous. Si j'ai l'inestimable chance d'être né sur le territoire français, il est de mon devoir d'apprécier ce que j'ai et de faire en sorte d'être un acteur déterminant en agissant pour un monde meilleur.

De retour à l'appartement, il ne me reste qu'à emballer mes affaires et mon vélo. Après quatre-vingt-onze jours à la découverte de l'Inde, et avant tout de moi-même, une page importante de ma vie est en train de se tourner. À la veille du départ, je me sens heureux, libre et en paix. Je n'ai qu'un seul souhait, remercier la vie pour tout ce qu'elle m'apporte. Demain, je quitterai mon ami Shiv et l'Inde, mais ça ne sera qu'un au revoir. L'Inde et son peuple alpaguent l'Homme par les tripes et ne le relâchent jamais.

De New Delhi, je m'envole d'abord vers Istanbul pour une escale. La Turquie est un pays extrêmement religieux. L'aéroport est équipé d'un lieu de culte qui permet aux musulmans d'accomplir leurs prières. Lorsque j'entre dans la pièce, les hommes me regardent avec surprise. L'un d'entre eux m'interpelle. Je ne suis pas musulman, mais j'aimerais méditer. D'un geste de la main et d'un grand sourire, il m'invite à me joindre au groupe. Ils répètent des cycles où ils s'agenouillent puis se lèvent pendant que j'observe mes sensations. Nous empruntons un chemin différent, mais nous marchons dans la même direction.

À 18 heures heure française, après quatre-vingt-douze jours de voyage, je retrouve celle que j'aime à l'endroit où nous nous sommes quittés. La pollution, l'odeur d'œuf pourri, les déchets, l'animation des rues, les cris, les bruits de klaxons, les chiens et les vaches qui mangent du carton, les rickshaws, les vendeurs de fruits et de *chaï* dans les rues ont disparu. Je retrouve même des trottoirs pour marcher sans la crainte de me faire faucher. C'est la porte ouverte au pilote automatique. Je peux retourner dans cette vie dépourvue de stimuli sensoriels, cette vie où je pense beaucoup plus que ce que je ressens. Ce calme me déstabilise. Ai-je peur de ce rythme apaisé ? Ou ai-je plutôt peur de ce bruit qui ne cesse, celui de mes pensées, qui viennent et se répètent ?

Conclusion

En partant découvrir un pays, c'est avant tout sur moi-même que j'ai appris. Comment pourrais-je conclure ce livre ? Que puis-je vous dire de plus ? Cette histoire devait durer trois mois, je devais rentrer en France et refaire le point sur ma vie. La vie en a décidé autrement car huit mois plus tard, me voilà en train de finaliser ce que vous tenez entre vos mains. Je n'ai pas étudié les lettres. Jusqu'à mes 24 ans ma vie tournait autour du commerce et de l'argent. Jusqu'à 27 ans, juste avant ce voyage, je ne voulais plus de cette vie, mais je ne savais où aller. Je savais ce que je n'étais pas, sans savoir ce que j'étais. Je partais en Inde pour un voyage de plus sans avoir vraiment d'attentes. Alors oui, si je m'arrête à une vision pragmatique de ce que j'ai appris au cours de ce voyage, je dirais qu'en ayant évolué hors de ma zone de confort, j'ai pu dépasser un peu plus mes limites mentales et physiques. C'est évident ; mais ce n'est pas tout.

Un livre ne suffit pas pour exprimer la profondeur de cette évolution, les mots non plus. Exprimer de manière intellectuelle le lâcher prise et l'expérience vécue est une tâche ardue, parfois impossible. Mais laissez-moi, s'il vous plaît, essayer d'exprimer ce que je ressens à cœur ouvert.

Pendant quatre années d'introspection durant lesquelles j'ai principalement vécu sur mes économies, je n'ai que peu travaillé. J'ai volontairement délaissé l'extérieur pour me pencher vers l'intérieur. Je ne me suis ni investi, ni engagé dans quoi que ce soit, pour rester libre de gérer mon temps selon mes envies. Ce voyage est venu agir sur moi comme un électrochoc.

Au départ, j'ai commencé à écrire pour partager une manière alternative de voyager, plus enrichissante à mes yeux que le simple tourisme. Ce long processus d'écriture m'a fait prendre du recul sur l'ensemble de cette aventure. Il m'a imposé de rester en France pendant de nombreux mois, ce que je n'avais pas fait depuis plus de quatre ans. L'écriture de l'aventure en Inde et l'observation de ce qui m'entourait ici m'ont permis de lier de nombreux éléments que l'on peut expérimenter dans ces deux pays : la transcendance de l'instant présent, la beauté de la vie et l'amour de l'être humain, mais aussi les inégalités, le mépris, la violence et l'exploitation des êtres vivants et de la nature par d'autres personnes.

De la simple idée de retracer mon aventure est finalement né, au gré des lignes, un récit descriptif, mais aussi engagé, sur la base d'années d'expérience dans le monde du voyage tout en étant novice dans celui de l'écriture.

Les luttes sont nombreuses, la terre brûle et les injustices sont partout. Alors battons-nous, à notre petite échelle en acceptant d'être imparfait et parfois maladroit, pour donner un sens à nos actions. Mais n'oublions pas que la vie est aussi merveilleuse et que nous sommes tous légitimes de la vivre pleinement. Le temps est éphémère et il ne se vit que dans l'instant.

Si ce livre vous a permis de vous évader, de revoir votre vision du monde, donné envie de défendre des causes justes, qu'il vous a redonné goût à la vie ou qu'il vous a permis de revoir certaines pensées limitantes, alors mon pari est gagné.

Avant de nous quitter, je vous invite à fermer vos yeux, prendre une profonde inspiration, puis une profonde expiration. Ressentez ce qu'il se passe dans votre corps, dans votre cœur, car tout est là.

Puissent tous les êtres vivants être heureux.
Puissent tous les êtres vivants être heureux.
Puissent tous les êtres vivants être heureux.

Remerciements

La partie remerciements est certainement la moins attractive et lue du livre, alors faisons simple et court pour lui donner une chance. Je souhaite commencer par remercier ma copine Lucile, qui m'a soutenu dans cette aventure depuis le premier jour, de l'annonce du voyage à l'écriture de ce livre. Je remercie tout autant Yves et Thierry, deux inconnus, écrivain et correcteur, qui m'ont apporté une aide précieuse et que je compte à présent parmi mes amis. Sans ces trois personnes, ce livre n'existerait peut-être pas. Merci à François, Dorian, Renaud, Naomi et Sacha, qui ont eux aussi joué un rôle important pendant mon aventure. Merci à ma famille et mes quelques amis d'enfance, qui ne me comprennent pas toujours, mais qui continuent de m'apporter beaucoup de soutien. Merci à tous les gens qui m'ont ouvert leur porte et leur cœur durant ce voyage et les précédents. Ils sont nombreux à avoir fait naître en moi de nouvelles perspectives de vie...

Sans oublier Shiv, Kayoko, Moonguyn et Onizuka Ryusei Okuno qui ont eux aussi joué un rôle très important dans mon évolution personnelle. Nombreuses sont les personnes ayant contribué positivement à mon existence et donc à ce livre, alors du fond du cœur je les remercie.

Merci aux personnes qui me suivent sur les réseaux sociaux, pour m'avoir invité et encouragé à écrire ce livre.

Pour terminer je vous remercie lecteurs, pour permettre à ce livre de continuer d'exister.

Glossaire

aloo paratha : galette farcie de pommes de terre et d'épices

bhaiya : frère

bidi : cigarette locale constituée de tabac haché et non traité

chaï : boisson traditionnelle à base de thé noir au lait, infusé aux épices (souvent au gingembre, cardamome, cannelle, muscade, anis, poivre et clous de girofle)

chapati : fine galette de blé cuite sur une poêle en fonte

curd : yaourt

dal : plat végétarien à base de légumineuses

dhaba : terme hindi désignant un restaurant local où l'on mange de la cuisine populaire (principalement utilisé dans le Nord de l'Inde)

dhakur : pancake himalayen

gulab jamun : boules à base de lait en poudre, de farine et de beurre frites à l'huile, baignant dans un sirop au sucre et à la cardamome

hijra : membre d'une communauté transgenre reconnue en Inde

idli : petite galette de riz blanc et de lentilles cuite à la vapeur

julley : employé pour dire bonjour, merci, bienvenu en ladakhi

longhi : pan de tissu très léger en forme de tube qui recouvre le bas du corps à partir de la taille, principalement utilisé dans l'Inde du Sud où la chaleur est très élevée

mala : collier composé de 108 perles qui, une fois en main, permet de garder l'esprit clair pour méditer ou réciter des mantras en comptant les billes, les unes après les autres

momo : plat traditionnel tibétain ayant la forme d'un ravioli cuit à la vapeur, farci de légumes (ou de viande) et accompagné d'une sauce piquante *namaste* : employé pour dire bonjour et au revoir dans une grande partie de l'Inde

nan : pain de farine de blé cuit dans un four en terre cuite

paneer : fromage blanc avec une texture ferme fabriqué à base de lait de bufflonne ou de vache (l'équivalent du tofu en France)

pani puri : une coquille frite et croustillante farcie de bondis (petites boulettes de farine) et d'une salade de pommes de terre, pois chiches, tomates et oignons rouges. Le tout est agrémenté d'épices chaat masala, de chutney de tamarin et de chutney de menthe

phaspun : groupe d'amis villageois qui se regroupent et s'entraident lors d'évènements importants

poha : mélange de flocons de riz, petits pois, tomates, oignons, cacahuètes et d'épices

poori : une galette de blé frite à l'huile

puja : rituel d'offrande, de remerciement et de consécration accompagné de chants et instruments de musique

sari : un pan de tissu long de 4 à 8 mètres qui recouvre le corps de la femme

thali : assortiment de mets en Inde et au Népal, variant d'un État à l'autre. Normalement équilibré, sain, copieux et populaire

ṭhīka : « d'accord » en hindi

thukpa : une soupe d'épaisses nouilles dans un bouillon de légumes

upma : genre de porridge à la semoule et aux épices

uttapam : pancake du sud de l'Inde fait de farine de riz et de lentilles, auquel on ajoute quelques oignons, de la tomate et des épices